Friedrich Kabermann

Nicht Werther und nicht Lotte

Für Wera

Friedrich Kabermann

Nicht Werther und nicht Lotte

Schumann - Brahms
Zeugnisse einer Freundschaft

Bibliografische Information der Deutschen Bibliothek:
Die Deutsche Bibliothek verzeichnet diese Publikation
in der Deutschen Natonalbibliografie;
detaillierte bibliografische Daten sind im Internet
über <http://dnb.ddb.de> abrufbar.

Herstellung und Verlag:
Books on Demand GmbH, Norderstedt 2011 / 2021
ISBN 9783753457376

Inhalt

Dichtung und Wahrheit

Robert und Clara Schumann, dazu Johannes Brahms – das Thema ist nicht neu, doch wurde es bisher nicht von der Literatur, sondern vom Film aufgegriffen. Der hier vorliegende Versuch, sich dem Verhältnis über erdachte Briefe zu nähern, ähnelt einer Skizze: Umrisse, die ein- und ausgrenzen, werden sichtbar, das Gestaltlose wird von der Einbildungskraft konturiert. Die Form, die so entsteht, gleicht der des Fragments und hat zur Folge, dass manches zwischen den Zeilen steht.

„Nicht Werther und nicht Lotte", so Brahms über seine Liebe zu Clara Schumann. Er spielt damit auf Goethes Werther-Roman an, der erste Welterfolg der deutschen Literatur. Die erdichteten „Leiden des jungen Werther" enden mit Selbstmord, die durchlittenen Leiden des jungen Brahms verwandelten sich in Leben, in die Freundschaft zu Clara und die Hingabe ans eigene Werk.

Clara Schumann starb vor 115 Jahren, sie galt als die berühmteste Pianistin Europas und als eine der bedeutendsten Frauengestalten des Jahrhunderts. Sie war die Lebensgefährtin von Robert Schumann, der ein wichtiger Wegbereiter der Moderne war. Trotz der Liebe zu Brahms hielt Clara ihrem früh verstorbenen Mann über vierzig Jahre die Treue – für beide Freunde ein schwieriger Balanceakt.

„Literatur", lateinisch litera, das Schriftstück, der Brief – die fingierten Texte stellen zwar Literatur im wörtlichen Sinne dar, sind aber nicht beliebig ausgedacht. Vielmehr hätten sie so geschrieben werden *können*, wie ein Vergleich mit den authentischen Briefen ergäbe, die zu Hunderten publiziert worden sind. Allerdings weiß der heute Lebende historisch mehr von der damaligen Welt als der Zeitgenosse. Zugleich weiß er aber auch weniger, weil das, was einst wirkliche Gegenwart war, seit langem versunken ist und nicht mehr zum Leben erweckt werden kann. Was bleibt, ist der Versuch, die Vergangenheit gleichsam literarisch zu beschwören, so dass der *Anschein* der Wirklichkeit entsteht – „am farbigen Abglanz haben wir das Leben".

Was damit gemeint ist, zeigt Clara Schumanns Brief vom 24. Mai 1879. Dort schreibt sie über den zwischen Wagnerianern und Brahmsanhängern herrschenden Streit:

„Zum Glück hat Robert nicht mehr erleben müssen, was durch Wagner aus der Musik geworden; er hat es aber sehr wohl geahnt … Inzwischen sind all die Götter, Helden und Walküren, bei denen mir immer ganz konfus wird, unter den Deutschen Mode geworden, so dass ich wie Heinrich Heine denke: Wenn es nur bei der Bühnenfassung bleibt, so mag es mit dem mythischen Personal gehen, wie es will. Aber wehe, es nimmt einer Wagner beim Wort und inszeniert diese ‚Nibelungen' als Politik. Dann dürfte es uns ergehen wie im ‚Zauberlehrling‘, wir werden die Götterdämmerungen und Weltuntergänge nicht mehr los…"

Die Stelle verweist zum einen auf die Haltung der Schumanns in diesem Streit, zum anderen lässt sie die Nähe zwischen Wagners Weltanschauung und der Ideologie des Dritten Reichs anklingen, durch die Wagner ein halbes Jahrhundert später politisch auf die Bühne der Weltgeschichte transponiert wurde. Nicht erst Hitler und die Nationalsozialisten, sondern schon Wagner und sein bürgerliches Publikum hatten ein gebrochenes Verhältnis zur Moderne. Wagner versuchte, die säkularisierte Welt künstlerisch zu remythisieren, worin Nietzsche eine Perversion der Kunst sah. Denn nun schlug die „Götterdämmerung" in „Götzendämmerung" um.

Das Buch hat zwei Teile, die vor über zwei Jahrzehnten geschrieben wurden: den literarischen der Briefe mit ihrer historischen Situation und den essayistischen der Vorträge zu Schumanns Musik. Durch diese „Etüden" wird der Hintergrund ausgeleuchtet, ohne den das persönliche Verhältnis Claras zu Brahms nicht zu verstehen ist. Beide Teile stehen im Spannungsverhältnis von „Dichtung und Wahrheit": Dichten ist Sache der Poesie, Wahrheit die Aufgabe der Philosophie. Stellt der erste Beitrag eine allgemeine Einführung in einen Schumann-Klavierabend dar, versucht der zweite, vor der Schumann-Gesellschaft gehaltene Vortrag, genauer darzulegen, warum gerade das Werk dieses Komponisten in die Zukunft weist. Es gleicht darin der

Literatur von Jean Paul, die für Schumann von großer Bedeutung war.

Doch wen interessieren noch derart „klassische" Themen im Zeitalter der digitalen Revolution? Dieser Frage nachzugehen, wäre einen eigenen Essay wert, zumal sie Glanz und Elend unserer Zeit berührt: Dem Fortschritt an „Virtualität" entspricht der Rückzug der „Realität", die selbst schon reduzierte Wirklichkeit ist. Bereits Nietzsche konstatierte, der Mensch werde geringer, was bedeutet, dass die Natur immer weniger wird, auch die innere Natur. Es ist, als löste sie sich vom Menschen ab und zöge sich in sich selbst zurück. Kunst und Technik sind nicht kompatibel – das Wesen der Kunst ist die Produktion, das Gesetz der Technik die *Re*produktion.

Hinzukommt, dass Kunst zum Global-Player geworden ist; allein der Festival-Tourismus der Musikindustrie setzt Millionen um. Doch gibt es neben dem Verbraucher auch den Liebhaber noch und mit ihm das Bedürfnis, Musik nicht allein zu konsumieren, sondern mit „Ohren hinter den Ohren" zu hören, wie Nietzsche sagt – neu wie am ersten Tag. Zum „Unerhörten" der Musik gehört der Komponist mit seinem Pathos, seiner Passion. Oft erblickten die Werke, die wir lieben, nur mit Mühe und Not das Licht der Welt. Wenn die Literatur für diese Notwendigkeit Verständnis zu wecken vermag, zeigt uns die Kunst, die einst göttliche Gabe war, auch ihr menschliches Gesicht.

F. K.

I
BRIEFE

Clara Schumann an Johannes Brahms
(1879)

Der Hintergrund

Im Jahr 1879 ist Clara sechzig und Brahms sechsundvierzig Jahre alt – ein Unterschied von vierzehn Jahren, der ein Viertel Jahrhundert zuvor, als beide sich kennen lernten, sehr viel stärker ins Gewicht fiel als in der Zeit um 1880.

Es war der 30. September 1853, als der 20-jährige Brahms aus Hamburg in der Düsseldorfer Bilkerstraße No. 6 vor der Wohnungstür der Schumanns stand, die damals in der Musikwelt ein berühmtes Paar waren. Brahms' bescheidenes und zugleich selbstbewusstes Auftreten beeindruckte die Schumanns tief. Wer heute noch etwas von der ungewöhnlichen Atmosphäre dieses Zusammentreffens spüren will, muss Brahms' Jugendwerke bis zu den Balladen op. 10 studieren, aus ihnen hat Brahms den Schumanns – später Clara allein – immer wieder vorgespielt.

Wenig später brach bei Robert jene schwere Krankheit aus, die ihn in die Nervenheilanstalt Endenich bei Bonn brachte und an der er drei Jahre später starb. Brahms blieb in Düsseldorf und wurde der engste Freund der Familie, die nun aus der alleinstehenden Clara und ihren sechs Kindern bestand. Das Jüngste war zwei Jahre alt, mit dem achten, dem im Juni 1854 geborenen Sohn Felix, war sie in jener Zeit schwanger, was die berühmte Pianistin nicht hinderte, auch weiterhin in der Öffentlichkeit aufzutreten.

Bis heute haben diese Verhältnisse nicht nur Klatsch und Tratsch hervorgerufen, sondern immer wieder Gerüchte entstehen lassen, Brahms sei der eigentliche Vater von Felix, der bereits 1879 mit 25 Jahren starb. Ist das auch Unsinn, so haben doch derartige Verleumdungen Clara und Johannes, später auch Felix, stark zugesetzt. Wir haben heute keinen Begriff davon, was dergleichen vor 150 Jahren bedeutete. Brahms hat sich in diesen Düsseldorfer Jahren leidenschaftlich in Clara verliebt, doch wurde ihm bald klar, dass eine eheliche Bindung nicht möglich war. So trennte er sich beinahe mit Gewalt von ihr und den Kindern. „Nicht Werther und nicht Lotte" – mit diesen Worten hat er selber die Situation im Rückblick charakterisiert. Man spürt schon durch die Parallele zu Goethes Jugendroman, der mit dem Selbstmord Werthers endet, die nur schwer erkämpfte Distanz zu jener so entscheidenden Zeit.

Die Frage, ob Brahms verstanden habe, warum sich Clara nach Roberts Tod nicht mit Brahms verbinden konnte, spielt in der vierzigjährigen Freundschaft der Beiden eine immer wiederkehrende Rolle. Sie gehört mit ihren Höhen und Tiefen zu den großen Leistungen dieser beiden Künstler, nicht anders als zuvor die Ehe von Robert und Clara mit ihrer schweren Vorgeschichte.

Aufgrund der Erfahrungen mit dem Klatsch und Tratsch der Zeitgenossen erbittet Brahms 1879 seine frühen Briefe aus der schweren Düsseldorfer Zeit von

Clara zurück. Zugleich bietet er an, ihr die ihrigen ebenfalls zurückzuschicken. Dass geschieht auch, und so sind diese Dokumente der Nachwelt verloren gegangen.

Nach dem Tod Roberts und der Trennung von Clara ging Brahms nach Detmold, dann nach Göttingen, wo er die Professorentochter Agathe Siebold kennen und lieben lernte. Es kam zwar zur Verlobung, doch nicht zur Hochzeit. Brahms entzog sich ihr und von nun an auch jeder anderen Lebensbindung. Im hier folgenden Brief wird Agathe Siebold kurz erwähnt, Clara war damals offenbar höchst eifersüchtig auf sie. In seinem Streichsextett G-Dur op. 36 hat Brahms diese, seine letzte Liebe, wie er sagte, dadurch verewigt, dass er den Namen Agathe in den ersten Satz des Werkes einwob, indem er ihn statt mit „t" mit „d" schrieb, so dass daraus die Tonfolge A.g.a.d.e wurde. Die Tatsache, dass dieses Werk erst zehn Jahre später komponiert wurde, zeigt etwas von der Schwere, der Gründlichkeit und der Tiefe, aus der Johannes Brahms lebte und seine Werke schuf. „Per aspera ad astra", frei übersetzt, aus dem Dunkel zum Licht – das war für viele Menschen jener Zeit kein idealistischer Spruch, sondern eine alltägliche Erfahrung, aus der heraus sie ihr Leben gestalteten.

Interlaken, 24. Mai 1879

Lieber Johannes,

verzeih, dass ich so lange geschwiegen, aber der Tod unseres Felix hat mir den Mund verschlossen, von meinem Herzen zu schweigen. Dir brauche ich nicht zu sagen, wie sehr er mich mit seinem Vater verband, vielleicht weil er der Jüngste war und ihn gar nicht hat kennen können; das Schicksal hat es nicht gewollt. Felix war mein Schmerzenskind, zugleich aber auch ein besonderes Glück, das letzte Unterpfand, das mich mit meinem geliebten Robert verband.

Aber ich will nicht klagen, Johannes, Du warst der Lichtstrahl in jener schweren Zeit und bist es bis heute geblieben, Du und Deine Musik. Wie könnte ich sie aus meinem Leben verbannen? Aber auch Du selber, der ich Dein Herz kenne wie niemand sonst und weiß, wie sehr Du es immer versteckst vor der Welt. Auch das hat ja mit Felix zu tun, dem Du von Anbeginn wie ein Vater warst. Die größte Freude in seinem kurzen Leben war, dass Du sein „Fliederbusch"-Gedicht vertont hast. Und wie Du es gemacht hast! Du stelltest ihn damit auf eine Stufe zu Dir – wie sehr hatte er sich gewünscht, ein Dichter zu werden! Ich habe ihm davon abgeraten und damit weh getan. Doch mir war ständig Angst und bange, dass er sein Talent überschätze, er hätte immer im Schatten seines Vaters gestanden. Aber das hätte ich ihm nicht sagen sollen und habe es dennoch getan. Ach,

Johannes, das Schicksal hat mich hart gemacht, gerade da, wo ich am meisten liebe. Du weißt ja ehestens ein Lied davon zu singen.

All das kam nun wieder hoch in mir, auch der Ausbruch von Roberts Krankheit und das Leiden des Verewigten. Das Schlimmste war, dass ich ihn der Ärzte wegen in Endenich nicht besuchen durfte, vielleicht hätte ihm meine Anwesenheit das Dunkel, das ihn umfing, noch ein wenig licht gemacht. Auch was Du gelitten, kam mir wieder in den Sinn. Ich stehe in Deiner Schuld, nie fühlte ich es so stark. Aber ich konnte mich auch der Kinder wegen nicht mit Dir verbinden, wie damals zerreißt es mir noch immer das Herz.

In den letzten beiden Nächten habe ich wieder Deine Briefe aus dieser Zeit gelesen, vorzüglich jene, die von Detmold und Göttingen zu mir kamen. Es fällt mir schwer, sie zurückzugeben, aber ich verstehe Dich wohl, außer uns gehen sie niemanden etwas an. Und so magst Du denn mit ihnen tun, was Du willst, sie kamen und gingen von Herzen zu Herzen und bleiben dort für ewig aufbewahrt. Natürlich stimme ich Dir zu, dass der Gerüchte und üblen Nachrede schon übergenug sind. Wenn erst die Journalisten in den persönlichen Papieren zu kramen beginnen, ist kein Halten mehr und nichts sicher vor Verdrehung und Verleumdung. Sitte und Anstand sind aus der Welt gekommen, und wir tun gut daran, bei Zeiten Haus und Hof zu bestellen und das zu ordnen, was allein unser ist. Schicke Du mir nur meine Briefe ebenfalls zurück oder stecke sie gleich in den Kamin und mache ein ordentliches Rauchopfer davon. Ich weiß nämlich nicht, ob ich sie je wieder lesen will, die

19

Erinnerung zieht zu stark von der Gegenwart ab, die es doch immer als erstes zu leisten und zu überstehen gilt.

Gütiger Himmel, über zwanzig Jahre ist das nun alles her! Ich würde bei meinen Briefen sogleich rot werden, wenn mir wieder vor die Augen käme, was ich Dir allein aus Eifersucht zu Agathen nach Göttingen schrieb! Deshalb mochte ich auch das G-Dur-Sextett, das sie verewigt, gar nicht hören – wie gut, dass Du es mir nicht übel nahmst und alles dem liebenden Herzen zuschriebst. Und ein viertel Jahrhundert ist's nun her, dass ich meinen geliebten Robert zum letzten Mal in die Arme schloss! Weißt Du, Johannes, eines habt ihr beide gemeinsam, so verschieden ihr sonst seid. Jeder von Euch ist ein Ritter – lach mich nur aus, was kümmert es mich, dass niemand mehr weiß, was ritterlich heißt? Aber Du weißt es, und wenn nicht, so lass es Dir ruhig einmal gesagt sein. Denn, verzeih, auch der Unterschied ist da, den ich heute, wo ich in so konfessioneller Stimmung bin, nicht unterschlagen will: Robert ging immer mit offenem Visier durch die Welt, seinen herrlichen Satz: „Wenn einer mein Feind ist, muss nicht auch ich sein Feind sein", hat er wirklich gelebt, so sehr er immer wieder verletzt wurde; am meisten von meinem Vater, aber auch von mir. Ich habe es nie gewollt, dagegen hat mein Vater stets Krieg gegen ihn geführt, schon als Robert noch sein Klavierschüler war.

Ich glaube, der Vater hat von Anfang an gespürt, dass er ihm unterlegen war, nicht nur als Künstler, sondern als Mensch. Beides geht so selten zusammen und man kann fast sagen, je größer der Künstler, desto geringer der Mensch, wie man bei Wagner wieder sehen kann.

In Robert war beides auf das Seltenste vereint, aber wie furchtbar hat sich das Schicksal an ihm gerächt! Er wusste immer, dass er mich umfassen konnte, nicht aber ich ihn und er hat mich trotzdem geliebt und mich vor dem Leben der Virtuosin bewahrt, das mir der Vater aus Eigenliebe zugedacht. Ich habe es nie gesagt und will es heute einmal aussprechen: Ich war nicht nur Roberts Frau und bin bis zum seligen Ende die Mutter seiner Kinder, sondern ich wäre auch als Künstlerin ohne ihn niemals das geworden, was ich bin, so oft ich auch gestöhnt habe über die Schwierigkeit seiner Musik. Wenn ich mich dann selber ans Komponieren machte, so war's artig genug, aber doch nicht mehr, als würde ich nur nachbuchstabieren, was bei ihm original Dichtung und Wahrheit war.

Dass ich meinen Kindern in all den Jahren nicht mehr Mutter sein konnte, als ich es schlecht und recht war, hat mich manch schlaflose Nacht gekostet, auch jetzt wieder nach Felix' Tod. Aber wie hätte ich es anstellen sollen bei der großen Familie, die ich doch nur als Virtuosin durch mein Spielen erhalten konnte? Deshalb lass Dir einmal für alles danken, was Du an uns getan, vorzüglich an mir. Ich weiß ja, wo sie her kommt, Deine Schroffheit und Ironie, die mich immer ganz wehrlos macht. Im Gegensatz zu Robert hast Du ein geschlossen Visier und läufst gerüstet und bewaffnet durch die Welt. Felix sagte einmal – wie heute weiß ich's – wenn Du zum Frühstück kämst und „Guten Morgen" wünschtest, klänge es mitunter wie eine Kriegserklärung.

Am nächsten Tag

Ich konnte gestern nicht weiter schreiben und fuhr mit dem Schiff am Seeufer entlang, vorbei an Gunten und Oberhofen nach Thun. Wenn Du hier den nächsten Sommer verbringen willst, wirst Du eine liebliche Landschaft finden, die nur darauf wartet, durch Deine Musik erlöst zu werden. Habe ich Joachim richtig verstanden, so schreibst Du an einem Violinenkonzert für ihn? Schimpf nicht mit ihm, er hat es nicht direkt gesagt. Wenn man sich aber so lange kennt wie wir, ahnt man selbst das, was der andere am liebsten verschweigen würde.

Übrigens habe ich mit Marie den Klavierauszug Deiner neuen Sinfonie probiert – Johannes, das ist ein ganz anderer Ton als in der ersten, die Du so lange bebrütet und in der Dir noch der Eroica-Beethoven im Nacken sitzt. Aber hier – das bist ganz Du selbst, außer dass mit Pörtschach noch der Wörthersee da ist und uns in all seinen sonnigen Bildern so sommerlich anblickt. Es rieselt ordentlich in den Wiesen und Licht und Schatten flimmern auf dem Wasser, so dass man wie in eine Sommerfrische eintaucht. Wie haben wir geschwelgt und genussreiche Stunden gehabt und sind nun ganz gespannt zu hören, wie Bülow das Werk in Meiningen aufführt! Da selbst die ledernen Leipziger ein wenig die Hände zum Beifall ineinander fallen ließen, wirst Du bei den Thüringern bestimmt Ovationen bekommen. Ich gönne sie Dir von Herzen, zumal in der Musik mehr lebt als Sommerfrische und Naturschönheit. Aber das wissen nur Du und ich und nicht einmal Deine Herzogenberg …

Verzeih die Bemerkung, ich streiche sie nicht durch. Sie floss mir so aus der Feder, weil die Herzogenbergs Deine neuen Herrlichkeiten immer als erste zu Gesicht bekommen, und wir Frankfurter sie viel später sehen oder überhaupt ganz darben müssen. Jedenfalls bleibt es wahr, dass Dich Dein Weg noch immer nicht in die Frankfurter Myliusstraße geführt hat. Wenn Du jetzt brummst über meine Undankbarkeit, dann bedenke, dass Du Dir auch einmal etwas Schroffheit gefallen lassen musst.

Abends

Lieber Johannes, weißt Du, dass ich neulich in der Woche, die ich bei Bendermanns in Zürich verbrachte, in der Stadtkirche Dein Requiem wieder gehört habe? O wie wurde da alles aufs Neue aufgewühlt, was sich in den zehn Jahren seit der Bremer Uraufführung am Grunde der Seele abgelagert hatte! Und doch, bei allem Schweren danke ich dem Himmel für das, was er an mir getan. Deine Liebe und Freundschaft ist mir das Wertvollste geworden, das ich in meinem Leben noch habe.

Ich sehe uns noch an diesem Abend, nachdem das herrliche Werk durch Dich eben zum ersten Mal erklungen, vor dem Dom auf dem Marktplatz nahe dem Roland stehen, während die anderen im Ratskeller feierten. Ich war froh um diese wenigen Augenblicke, die ich mit Dir allein sein konnte, nachdem wir Deinen Vater in den Gasthof gebracht hatten. Weißt Du überhaupt, dass er der einzig Ruhige an diesem Abend war? Ich muss es wissen, denn ich saß neben ihm und Joachim, neben dem dann John Farmer kam, der später

23

in Oxford als Musikdirektor sein Glück machte; ich traf ihn dort bei der letzten englischen Tournee. Er war stolz auf Dich, aber nicht überrascht, als hätte er schon seit Jahren den Ruhm erwartet, der aber erst nach dem Requiem so richtig anhob. Wir schauten hinauf in den sternklaren Himmel, als Du plötzlich Deinen Arm um mich legtest, was Du lange nicht getan und sagtest, wie heute weiß ich die Worte: „Es ist auch ein Requiem für uns."

Da wurde ich heftig, Du aber bliebst ruhig. „Wenn es so weit ist", erwidertest Du, „schreib ich Dir ein Privatissimum." Und dann murmeltest Du etwas vom Apostel Paulus in Deinen neuen Bart, ich glaube die Stelle im Korinther-Brief: „Wenn ich mit Menschen- und mit Engelszungen redete…" – ich habe sie erst durch Dich verstehen gelernt. Ach, es ist etwas unendlich Tiefes und Schönes, sich gemeinsam begleiten zu dürfen, auch durch alle Missverständnisse und Gebrochenheit hindurch, ohne die wir ja nicht wären, was wir sind. Deshalb sage ich mir immer aufs Neue, wenn ich trübe bin: Es ist doch etwas Herrliches mit den Menschen, dass sie sich so nahe sein und die Überzeugung haben können, sie werden sich nicht verlieren, auch wenn die Entfernung einmal wachsen oder etwas anderes, Unvorhergesehenes geschehen sollte. Ach, Johannes, ich kann nicht richtig ausdrücken, was ich empfinde, meine Sache ist die Musik. Aber ich will noch immer weiter wachsen und versuchen so zu spielen und zu sein, wie ich es meine, bis unser Herrgott sagt: Es ist genug.

Verzeih die weiche Stimmung, Du siehst, ich bin eine alte Frau, die Dir mit Deinen 46 Jahren weit voraus ist.

Du darfst nicht vergessen, dass unsereiner neben allem anderen noch acht Kinder geboren hat, weshalb manche Jahre doppelt zählen, vor allem wenn die Kinder einem so früh und vor der Zeit wieder genommen werden wie noch zuletzt unser Felix. Für die Kalenderjahre bin ich erst im sechzigsten, nach den Schicksalsjahren aber schon im siebzigsten Jahr. Das bedenke, wenn Du im September gratulieren kommst! Passt dazu nicht, dass man in alten Briefen zu lesen beginnt und im Dämmern der Erinnerung nachhängt, anstatt die Lampe anzuzünden und sich zum Üben ans Klavier zu setzen? Jedenfalls trenne ich mich inzwischen beruhigt von Deinen Briefen, obschon ich an dem alten Papier ebenso hänge wie an dem Zigarrengeruch, den es mit sich führt. Vor allem aber liebe ich die teuren Schriftzüge, die mir so vertraut sind wie sonst nur die von meinem Robert. Dass ich ihm die Treue halten musste, hast Du doch verstanden, nicht wahr? Fast ist mir, als hätte ich Dich das schon hundert Mal gefragt, woran Du sehen kannst, wie wichtig es mir ist. Anders wäre ich Dir ein gebrochen Weib geworden, die Treue zu ihm war auch die eigene, ich meine die Treue zu mir selbst.

Darüber mag lachen, wer will, nichts ist weniger lächerlich als die Selbsttreue, mit der man es nicht frivol halten darf. Im übrigen geht nichts in der Welt verloren, das lass uns im Innersten unseres Herzens getreulich bekräftigen. Robert schrieb mir einmal nach Paris den Satz von Novalis: Alles, was wir lieben, bleibt und kann nicht untergehen. Ich weiß ihn nicht wörtlich, nur sinngemäß, aber ist das nicht ein gewaltiger Trost? Er meinte damals, als kaum einer den Namen Novalis kannte, dieser Dichter sei einer der hellsten Köpfe des Jahrhunderts. Wenn er die Lebenszeit Goethes gehabt hätte, würde er eine Philosophie der Kunst geschrieben haben, die uns seit dem alten Aristoteles bis heute fehlt. Und dann stünde es besser um die Welt.

Ich kann mit meinem unphilosophischen Kopf nur ahnen, was er gemeint hat. Zum Glück hat er nicht mehr erleben müssen, was durch Wagner aus der Musik geworden; er hat es aber wohl geahnt. Die „triste Isolde", wie Du schreibst, habe ich nicht gesehen und trage auch kein Verlangen danach. Was Robert schon bei Liszt in Rage brachte, war, dass die Musik Programm werden sollte, wie das inzwischen Usus geworden ist. Wagner nannte er einen potenzierten Meyerbeer, doch wem sage ich das! Was Du letzten Herbst über Euren Briefwechsel wegen Tausigs „Tannhäuser"-Autografen schriebst, hat mich von Herzen amüsiert. Auch wenn Ihr Euch anfasst wie mit Feuerzangen, musst Du doch aufpassen, dass Dir Wagner nicht eines Tages Dein Requiem dramatisiert und als Oper mit Ritter, Palmwedel und Friedenstaube auf die Bühne bringt. Die Leute wollen ihr Mekka haben und dass man für sie im neuen deutschen Reich auch neue Andachtstempel baut. Das hat Wagner als Bedürfnis erkannt und sich dem Zeitgeist devot angedient. Es steht mir nicht an, diese Wendung vom Revolutionär zum Reaktionär zu tadeln, aber zu bewundern ist an ihr auch wieder nichts.

Damit will ich Wagner nicht musikalisches Genie absprechen, was ja auch Du und Robert nie getan habt. Robert war mit ihm hin und wieder in Dresden zusammen, als es bei der Revolution drunter und drüber ging; meist aber waren sie im Innern wie im Äußeren getrennt. So ging Wagner als Revolutionär auf die Barrikaden, Robert dagegen stieg in sein Stübchen und dichtete dort die „Waldszenen". Inzwischen sind all die Götter, Helden und Walküren, bei denen mir immer ganz konfus wird, unter den Deutschen Mode geworden, so dass ich wie Heinrich Heine denke: Wenn es nur bei der Bühnenfassung bleibt, so mag es mit dem mythischem Personal gehen wie es will. Aber wehe, es nimmt einer Wagner beim Wort und inszeniert diese „Nibelungen" als Politik. Dann dürfte es uns ergehen wie im „Zauberlehrling", wir werden die Götterdämmerungen und Weltuntergänge nicht mehr los. Ein Rätsel ist mir dabei immer Levi! Wie kann er Deine Werke dirigieren und gleichzeitig so für Wagnern schwärmen? Daran sehe ich, dass ich nicht erst sechzig bin, sondern meine Zeit überhaupt zu Ende geht.

Lauterbrunnen, den 26. Mai 79

Der Brief muss fort, mein Lieber, ich weiß es wohl. Aber es fällt mir diesmal besonders schwer, mich von Dir zu verabschieden. Werden wir uns in Baden treffen? Was macht Bülow bis dahin? Ich freue mich für Dich, dass Du durch ihn in Meiningen wie über ein Privatorchester verfügst, mit dem Du nach Herzenslust probieren kannst. Dann denke ich mit Wehmut an die großen Schwierigkeiten, mit denen mein Robert zeitlebens zu kämpfen hatte. Liebster Johannes, wenn Du trübe bist und zu Deiner Ironie greifst, die mich oft geschmerzt hat, so bedenke, dass Dir unser Säkulum ungleich günstiger ist, als es uns vor vierzig Jahren war! Mit Freuden

sehe ich, dass Dir selbst das Feldgeschrei „Hie Wagner
– hie Brahms!" beim Publikum noch zugute kommt. Es
ist viel künstliche Aufregung dabei und wird eigens von
den „Pressebengels" gemacht, wie Bismarck die Journalisten nennt. Selbst Kritiker vom Schlage Hanslicks sind
sich ja nicht zu schade dafür.

Was ich an Dir bei all dem Ruhm, der weiter wachsen wird, besonders schätze, ist, dass Du Deinen Kopf
klar behältst und weder wie Wagner Gemeinden schaffst
noch Tempel baust. Die Musik ist nicht an einen Ort gebunden, sie umfasst alle Menschen dieser Welt. Es wird
eine Zeit kommen, da sie auch in die neue Welt hinüber
springen und sämtliche Begrenzungen aufheben wird.
Überlassen wir also den kleinen Sachsen seiner germa-
nischen Mythologie und ihren Gläubigen, zu denen
etliche Gläubiger zu zählen sind, und bleiben wir ge-
treu bei unserer Art. Wie man hört, zieht Wagner schon
wieder mit dem Klingelbeutel durch das Reich, wobei
es mich doch freute, dass ihn Bismarck so hat abblitzen
lassen. Das ist auch eine Dreistigkeit sondergleichen,
einfach ins Amt des Reichskanzlers zu marschieren, den
Hut hin zu halten und die Kollekte einzufordern.

Ich bin hier heraus gefahren, um mit Marie und Eugenie etwas freiere Luft zu atmen, was uns sehr Not tut.
Morgen wollen wir nach Wengen hinauf, um uns den
Staubbachfall von der anderen Seite anzusehen. Zuerst
war's mir unfasslich, dass Goethes „Wassergeister"- Gesang diesem bescheidenen Staubbach gelten solle; jetzt
aber sehe ich alles mehr symbolisch. Es ist doch ein
herrliches Gedicht, historisch fast hundert Jahre alt, im
Inneren aber ewig jung.

Ich lese den Brief nicht mehr durch, er ist ziemlich kraus, so dass vieles durcheinander geht, was sich allein und ohne Dich nicht ordnen lässt. Sei's drum, er soll doch nicht in den Papierkorb wandern. Du wirst in allem Deine alte Clara erkennen, wir müssen uns nehmen, wie wir sind. Vor den Konzerten in England graut mir schon, obwohl mich die Menschen dort lieben wie sonst nirgendwo, vor allem Roberts Musik. Wirst Du es glauben, dass ich mit seinem Klavierkonzert nirgendwo so viel Effekt gemacht habe wie in London? Es will etwas heißen, wenn ausgerechnet dieses Stück zum Gassenhauer werden sollte.

Noch eines, das mir auf dem Herzen liegt. Soll ich Deinen Brief an Felix ebenfalls zurücksenden? Er hat ihn nicht mehr aufnehmen können, er kam zu spät. Trotzdem danke ich Dir auch in seinem Namen – Johannes, das war eine große Freundestat! Wie wichtig wäre es für ihn gewesen, die Zeilen zu lesen, da er doch unter den Verleumdungen der Illegitimität am meisten litt. Du warst für ihn immer wie ein Vater, aber zugleich auch etwas ganz anderes, nämlich „Onkel John". Und nun schreibst Du ihm alles auf Deine Art, was ich ihm im Lauf der Zeit ebenfalls gesagt habe. Vielleicht verwahrst Du den Brief unter Deinen Papieren? Wenn nicht, will ich es für Dich tun, für uns, auch für Robert, der seinen Jüngsten nie gesehen hat. Wir, Du und ich, haben uns nichts vorzuwerfen, nicht wahr? Unser Gewissen ist rein, auch wenn man Gerüchte und üble Nachrede nicht entkräften kann. Sie entstammen dem Neid und der Missgunst der Menschen, die man nur ertragen, aber niemals abschaffen kann.

Ich habe Felix noch im Winter, als der Druck auf der Brust für einige Wochen nachzulassen schien, das Tage- und Haushaltsbuch vom Herbst anno '53 gezeigt, in dem Robert alles Tägliche immer treulich festgehalten hat. Aber das weißt Du ja, hast Du es doch selber während seiner Krankheit fortgeführt. Und da steht nun am dritten Tage des Oktober, vier Tage nachdem Dir Marie die Tür von der Bilkerstraße geöffnet hatte und Du zum ersten Mal über unsere Schwelle tratst, schwarz auf weiß der „Beweis", nach dem die Welt verlangt, dass man ihn ihr an neun Fingern herzählen soll! Ach, Johannes, dass doch alles Edle so in den Schmutz gezogen werden muss von der Skandaljournaille. Ich sage Dir, eines Tages werden diese Kreaturen die Welt beherrschen und nichts wird mehr vor ihnen sicher sein. Da bin ich froh, dass es nicht zu lange dauern wird, bis man aus tiefstem Herzen sagen darf: Es ist genug.

Wengen, nachmittags

Wir sind nun hier herauf gefahren und genießen den Blick auf den Eiger, den Mönch und die Jungfrau. Was sind gegen diese Riesen der Ewigkeit die menschlichen Sorgen, Nöte und Leidenschaften? Wie brauchen wir doch den Anblick des Erhabenen, um an ihm das Maß zu gewinnen, nach welchem wir uns zu richten haben. Aber es beginnt zu dämmern, wir müssen zurück, ich werde den Brief nicht wieder mit ins Tal nehmen, sondern ihn hier oben in die Post geben.

Rasch noch wegen Roberts Violinkonzert, von dem Du schreibst. Nicht ich habe die Noten, sondern Joachim, der damit ganz eigen und geheimnisvoll tut. Wie Du stimme auch ich dafür, dass es ins Werkverzeichnis aufgenommen wird, man mag über den Schlusssatz urteilen wie man will. Vielleicht denkt die Nachwelt ganz anders als wir? Auch eine Violinsonate gibt es unter den Papieren, so spät wie das Konzert, ich glaube vom November '53, nachdem Robert Laurens zum Zeichnen gesessen und die wunderbaren „Gesänge der Frühe" vollendet hatte. Vielleicht wendest Du Dich an Joachim, Du kennst ihn länger als ich, die ich für ihn immer nur die Frau von Robert bin. Vielleicht kannst Du ihn bewegen, sich zu erklären, ich meine, warum er mit dem Violinkonzert so heikel tut.

Übrigens höre ich, dass die neuen Klavierstücke, die Du unter der Hand hast, wieder ganz famos sein sollen. Ich bin schon fast eifersüchtig auf die Billroths und Herzogenbergs, die all die Herrlichkeiten immer viel früher zu Gesicht und Gehör bekommen als ich. Überhaupt diese Wiener, die uns in allem den Rang ablaufen wollen! Doch wie dem auch sei, was uns verbindet, hat sonst niemand aufzuweisen; daran wollen wir uns halten.

Marie ruft, wir müssen an die Abfahrt denken. Was war das hier oben für eine erhebende Stunde, ich kam mir wie im Flugballon vor! Die untergehende Sonne lag breit auf dem Hang, während die andere Seite des Tals schon in tiefe Schatten gehüllt war. Lauterbrunnen schwimmt im Abenddunst, wie bei Vineta leuchten die Lichter vom Grunde der See. Wie ist doch die Welt schön, mein Lieber, nur wir, die Sterblichen – da liegt's!

Und doch:

„... Des Menschen Seele
gleicht dem Wasser:
Vom Himmel kommt es
Zum Himmel steigt es ..."

Johannes, wie ist das doch wahr! Aber was ich mit Augen sehe, ist der wirkliche Staubbach, der in den nächtlichen Abgrund stürzt. Das Aufsteigen dagegen sehe ich nicht, es ist unsichtbar. Wir müssen es glauben, Johannes, nicht wahr? *Nicht* – wahr?

In Treue

Deine Clara

Johannes Brahms an Marie Schumann
(1896)

Der Hintergrund

Marie Schumann ist die älteste Tochter und zur Zeit des folgenden Briefes Mitte fünfzig. Vierzehn Tage zuvor starb am 20. Mai 1896 Clara mit 77 Jahren an den Folgen eines Schlaganfalls. Marie begleitete und pflegte ihre Mutter bis zum letzten Atemzug.

Der Familie und den Freunden war schon seit Monaten klar gewesen, dass der Tod nahe war. Brahms, der sich, wie es damals hieß, in der Sommerfrische befand, erfuhr aufgrund eines Missverständnisses mit seiner Wiener Haushälterin verspätet vom Tod der Freundin und kam erst nach vierzigstündiger Irrfahrt in Bonn auf dem Friedhof an.

Auch er hatte mit Claras baldigem Tod gerechnet und kurz zuvor die „Vier ernsten Gesänge" op. 121 komponiert. Sie stellen eine Art Requiem für die beiden Freunde dar, zugleich die Erfüllung eines Jahrzehnte zurückliegenden Versprechens an Clara – Brahms spricht von einem „Totenopfer". Er war zu dieser Zeit selber nicht mehr gesund, obwohl er immer über eine physisch robuste Konstitution verfügt hatte. Dabei handelte es sich nicht, wie er an Freunde schrieb, um eine „kleine bürgerliche Gelbsucht", sondern um Leberzirrhose, der er ein knappes Jahr nach dem Tode Claras im April 1897 in Wien erlag.

Die „ernsten Gesänge" sind wie Schumanns „Gesänge der Frühe" das letzte Werk – bei Schumann allein für Klavier, bei Brahms für eine Bariton-Stimme mit Klavier. Die Texte entnahm Brahms dem Alten und Neuen Testament, den letzten aus dem ersten Paulus-Brief an die Korinther, der mit den Worten schließt: „Nun aber bleibet Glaube, Hoffnung, Liebe…" Dies wird erwähnt, weil immer wieder behauptet wird, Brahms' Werk klinge in Melancholie, Resignation und Pessimismus aus. Davon kann so pauschal keine Rede sein. Allerdings hat er selber durch entsprechende Bemerkungen solchen Missverständnissen Vorschub geleistet, so als wollte er selbst hinter der Maske des Pessimisten noch sein wahres Gesicht verbergen.

Glaube, Hoffnung, Liebe – „aber die Liebe", so schließt Paulus, „ist die größte unter ihnen". Auch für Brahms ist sie das letzte Wort, im Leben wie im Werk. Die Musik, die davon kündet, kann nicht mit Worten beschrieben, sie muss gehört werden, wenn ihre Botschaft verstanden werden soll.

Bad Ischl, 4. Juni 1896

Liebes Fräulein Marie,

da bin ich wieder in meiner Sommerfrische, die ich vor kaum zwei Wochen so überstürzt verließ. Allerdings kommt es mir vor, als wären zehn Jahre vergangen, mir ist weder frisch noch sommerlich. Der Himmel hat seine Schleusen geöffnet, tiefe Wolken drücken auf die Dächer; seit dem Morgen schiebt sich eine Masse nassen Graus die Seitentäler hinauf. Es ist, als trauerte die Natur mit uns über den unersetzlichen Verlust Ihrer Mutter, der verklärten, herrlichen Frau.

Gerechnet habe ich mit ihm des längeren, vor allem seit ich Ihre Mutter im Oktober von Meiningen kommend das letzt Mal sah. Aber darüber nicht mehr, es strengt mich allemal zu sehr an. Wie hat doch der Tod unter denen, die mir geblieben, in den letzten Jahren aufgeräumt! Da wird es auch Zeit für unsereinen, sein Bündel zu schnüren, die Welt geht ohne uns ihren Lauf. Und so mag sie sich drehen, wie sie nur will, mir für meinen Teil behagt es nicht, das neue Jahrhundert wie die ägyptische Sphinx anzustaunen; ich habe schon von dem alten Säkulum genug. Auch ist alles gesagt und getan, was unsereinem möglich war, sollen sich nun die Jungen plagen und ihr Glück versuchen, es geht doch alles wie immer seine krumme und schiefe Bahn.

Ihnen aber, liebes Fräulein Marie, will ich einmal bekennen, was Sie selber am besten wissen, seit Sie mir an jenem 30. September vor dreiundvierzig Jahren in der Düsseldorfer Bilkerstraße No. 6 die Tür öffneten: Ohne Ihre Eltern, die mich wie ihren Sohn empfingen, wäre weiß Gott was aus mir armen Vagabunden geworden. Ihre verehrte Frau Mutter liebte ich mein Lebtag mehr als mich und irgendwen und was auf der Welt. Und die Welt hat ja auch ausführlich gerätselt, was das für ein merkwürdiges Trio sei und wird es weiterhin tun. Ihre Eltern waren, was selten ist, gegenseitig sich Schicksal, sie waren füreinander bestimmt von Ewigkeit zu Ewigkeit. Da blieb mir musikantischem Landstreicher doch nur das Amen zu sprechen übrig.

Das mag späterhin viel Ungereimtes, das Schroffe an mir mitsamt dem Wirrwarr, in dem man lebt, erklären, entschuldigen will ich es nicht. Ich musste allzeit mein Herz vor der Welt verstecken, Ihre Mutter hat es von allen am besten gekannt. Wir haben uns aber in Nichts etwas vorzuwerfen, gegen das Geschick, das Ihre Eltern verband, kam unsereiner nicht an. So tat sich im Laufe der Zeit dies und jenes zusammen, ich war und blieb allein, bis dem einsamen Wandervogel nichts anderes blieb, als für sich und wen es sonst erfreuen mochte, schlecht und recht seine Musik zu machen.

Böse Zungen sagen, ich hätte behauptet, von Ihrem Herrn Vater nichts anderes denn Schachspielen gelernt zu haben. Es gibt wenig Dümmeres, was mir zu Ohren gekommen ist. Sie kennen meine Bescheidenheit gegen alles, was Meister heißt und was es bedeutet, auch nur das kleinste Lied zu schreiben, eine Romanze, eine Bachsche Invention. Was Ihren Vater von mir, dem Nachfolgenden, unterschied, war, dass er in allem etwas

Notwendiges, Schicksalhaftes sah, während sich unsereiner mit Möglichem oder bloß Wahrscheinlichem begnügen musste. Jedenfalls gehört er zu den Großen, Seltenen, in denen sich eine Zeit zusammen fasst, mit all ihren Widersprüchen, unter denen er litt und die ihm späterhin das Leben zerstörten.

Als Künstler war er uns allen voraus, er sah die Auflösung der Ordnung kommen, die die Musik seit dem alten Pythagoras trägt. Allerdings fürchtete er sich nicht davor wie ich, dessen Herz am Vergangenen, Bewährten hängt. Sie, verehrtes Fräulein Marie, werden schon bald Musik zu hören bekommen, wie sie noch nie erklungen und nur bei Wagner sich vorbereitend hier und da ihr Wesen treibt. Das mag gefallen oder nicht, die Formen zerbrechen und müssen es auch, da sonst nichts Neues unter der Sonne geschieht. Mir lag es ob, sie einstweilen zu bewahren und dabei zu wissen, dass ich der Letzte einer Epoche bin, die in nichts wiederkehren wird. Von den großen B.'s waren mir immer Beethoven und Bach die liebsten, als buchstäblich Zugehörigen wird man mich hinter Bellini platzieren, was weder diesen oder jenen, noch mich selbst irgendwie und was zu interessieren hat.

Dabei kommt mir ein Spaziergang mit Ihrem Herrn Vater in Erinnerung, der in der ersten Zeit der Erkrankung öfter von Endenich nach dem Bonner Beethoven-Denkmal ging. Da blieb er denn stehen und sagte ohne Übergang, wie es damals öfter geschah: „Es muss alles offenbar werden am Ende der Zeit! ..." Damit fiel er wieder in sein Schweigen, das ihm wohl stets zu eigen, nun aber kaum noch zu durchbrechen war. Ich weiß die

Bibelstelle nicht aus dem Kopfe, Sie werden Sie kennen und haben sie parat. Einige Zeit später sprach er vom „Engel der Geschichte", dessen Flügelschlag verletze, aber auch beschütze und nannte ihn seinen Genius. Das ist es, was ich mit Schicksal meine, er stand bei ganz anderen Mächten im Dienst als wir normalen Alltagsmenschen, die wir ein Leben lang haushalten müssen mit jedem bisschen Zuwendung aus der anderen Welt.

Ihre Mutter hat ihn geliebt wie nur eine Frau lieben kann – verstanden in seiner Kunst hat sie ihn nicht. Wie oft klagte sie über das Schwere seiner Musik und wie sie so wenig populär zu machen sei. Aber sie wusste von ihren Grenzen, und das ist entscheidend. Wenn sie am Klavier saß, war sie zuerst Virtuosin, in deren Spiel es aber immer um Überzeugungen ging. Dass die Schaffenskraft Ihres Vaters, liebe Marie, in der letzten Zeit nachgelassen habe, wie manch einer behauptete, wollte sie nicht zugeben, weil hierin von außen kein Urteil zu treffen sei. Darüber hat sie auch Streit mit Joachim gehabt – nebenbei gesagt, nicht ich, sondern er besitzt das Manuskript des Violinenkonzerts, das aus dem Winter 53/54 stammt. Wäre es nach mir gegangen, hätte es in die Gesamtausgabe aufgenommen werden müssen. Doch Joachim war immer ein Querkopf und bis zum Kragen mit Eigensucht voll, wovon nicht zuletzt seine Frau dieses und jenes Lied zu singen weiß.

Sie fragen wegen der persönlichen Papiere. Von Biografien halte ich nichts, wiewohl ich weiß, dass man sie nicht verhindern kann. Sie haben jetzt wieder an Wasiliewski gesehen, was dabei herauskommen muss, bestenfalls sind sie gut gemeint. Die Leute wollen Unterhaltung, jeder denkt an Sensation, ohne sich um die Sache zu kümmern, das ist die Musik. Doch wozu die biografischen Kommentare und vor allem für wen? Mögen die Nachlebenden sehen, wie sie zurecht kommen, die Welt beginnt mit jedem Menschenleben neu. Dass Ihr Vater bis zum Ende über Krankheit und Tod Sieger blieb, dass alles in seinem Leben, seinem Werk von diesem Sieg zeugt, eben dieses Wichtigste blieb Wasiliewski verborgen; gerade die „Gesänge der Frühe" zeugen davon. Was gäbe es sonst über uns Musiker zu berichten, als dass wir bis zuletzt wie Jakob und sein Engel mit unserem Genius im Kampfe stehen?

Im Gegensatz zu Ihrem Vater war ich immer auf dem absteigenden Aste, wie gut hat das Ihre Mutter wieder beim Klarinettenquintett gespürt. Die Resignation ist aber schon in den frühen Kompositionen vorhanden, so den Balladen, die ich in der schweren Endenicher Zeit schrieb. Wenn ich Ihren Vater besucht hatte und dann zurück in der Bilkerstraße das verzweifelt fragende Gesicht Ihrer Mutter sah, so musste ich ans Klavier und alles aus mir heraus spielen, anders wäre ich auf der Stelle erstickt. „Bei Dir ist jetzt immer November", sagte sie bei meinem letzten Besuch im Herbst. Ich hatte ihr einiges aus den letzten Stücken op. 118/119 vorgespielt und antwortete: „Im Grunde war es immer so, ich habe es nur mit Deiner Hilfe – überspielt." Sie lächelte mich an, ich wusste nicht, ob sie die Worte verstanden hatte, mir war, wie wenn sie mit ganz anderem beschäftigt sei. Nach einiger Zeit hörte ich sie sagen: „Der Tod hat nichts Schreckliches, das Sterben ist der wahre Schmerz. Die beste Zeit des Abschieds sollte im Frühling sein."

Sehen Sie, Marie, das war es, was mir immer ans Herz griff, namentlich in den „Gesängen der Frühe", wo es Musik geworden ist. Ihre Mutter war überzeugt, dass sie nach dreiundvierzig Jahren mit ihrem geliebten Robert wieder vereint sein werde. „Wer aber", fragte ich sie, „wartet auf mich?" Da sah sie mich mit ihren herrlichen Augen an, dass es mir unvergesslich durch die Seele fuhr. Welches Leid hatte ihr das Schicksal nicht alles aufgebürdet! Aber wie Ihr Vater, Marie, blieb sie in ihrem Eigensten davon unberührt, wie er sah auch sie in allem eine höhere Notwendigkeit. Und das haben wir später Geborenen nicht mehr, es ist, als hätte der Himmel bei uns mit Zuwendung gespart. Wir werden ehestens psychologisch oder suchen uns den Trost in der Bibel zusammen. Allein es bleiben Kalendersprüche, weil wir selbst das Buch der Bücher nicht mehr verstehen. Übrigens gibt es in Wien jetzt einen Dr. Freud, der sich der Seelen der Armen, Mühseligen und Beladenen im Namen der Wissenschaft annimmt, welche in allem die neue Weltreligion ist. Von diesem Freud werden wir noch Wunder was hören, die Welt bedarf eben der Heiligen – „Mit Fried und Freud fahr ich dahin…"

Doch ich schweife ab und muss diesen längsten meiner Briefe zum Ende bringen, da inzwischen Nachmittag ist und der Regen aufgehört hat. Nur ein Wort noch zum Nachlass Ihrer Mutter. Ich dachte bei dem, was Sie in Verlegenheit setzen könnte, vor allem an die Tagebücher, die Briefe und dergleichen mehr. Leider weiß ich einstweilen nur das eine zu sagen: Vorsicht! Ich kann aber gelegentlich, dies angehend, vielleicht noch Mehreres hinzufügen. Jedenfalls bin ich immer bereit, nach

Frankfurt zu kommen, wenn Sie etwas zu fragen oder zu wünschen haben. Gegen den jungen Litzmann ist wohl nichts einzuwenden, ich erkundigte mich bei Billroth, der den alten Herrn kennt und auch über den Sohn nur Gutes zu sagen wusste. Wenn ich einen Wunsch anmelden darf und die Biografie Ihrer verehrten Mutter denn unbedingt sein soll, so warten Sie damit über ein Kleines, bis auch ich mich am Ende davon gemacht habe. Es wäre mir doch sehr schmerzlich auf meine letzten Tage, aus fremder Feder noch etwas von dem lesen zu müssen, das mir lebendigster Teil meines Lebens und überdies noch der schönste gewesen ist.

Noch eines: Wenn Ihnen nächstens ein Heft „ernsthafte Gesänge" zukommt, so missverstehen Sie die Sendung nicht. Abgesehen von der alten, lieben Gewohnheit, in solchem Fall Ihren Namen zuerst zu schreiben, gehen die Gesänge Sie ganz eigentlich an. Auch wenn Sie nach außen Max Klinger gewidmet sind, dachte ich doch ständig an Ihre Mutter und dass ich ihr und mir ein Loblied schuldig sei. Auch hatte ich es ihr versprochen, schon vor einem Menschenalter in Bremen, als das Requiem zum ersten Mal erklungen war. Dass ich nun ganz apostolisch mit Paulus endige, wird ihr wohl aus der Seele gesprochen sein.

Ich schrieb die Lieder in der ersten Maiwoche; ähnliche Worte beschäftigten mich oft, schlimmere Nachrichten von Ihrer Mutter meinte ich nicht erwarten zu müssen. Aber tief im Menschen spricht und treibt oft etwas, beinahe unbewusst, und das mag wohl bisweilen als Gedicht oder Musik ertönen. Durchspielen können Sie die Gesänge nicht, weil die Worte Ihnen jetzt zu ergreifend wären. Aber ich bitte, sie als ganz eigentliches Totenopfer für Ihre geliebte Mutter anzusehen und hinzulegen.

Doch nun muss ich ein Ende finden. Sie wissen, liebes Fräulein Marie, wie schwer mir das Briefpapier in die Hände kommt, vorzüglich des Abends, wenn der Tag selbst mich Einsamen zu breiterer Geselligkeit einzuladen pflegt. Aber es gibt Zeiten, wo alles Mitteilung werden will, und wer kann wissen, wie lange uns dafür Zeit gegeben ist? So war es mir heute zu Mute, als ich die vergangenen vierzehn Tage Revue passieren ließ. Dass die treue Truxa, die mir so lange schon die Wohnung betreut, das Telegramm mit der Todesnachricht in Wien zurückhielt, dass ich daraufhin von Ischl aus den Münchener Anschlusszug nicht bekam und erst nach vierzigstündiger Irrfahrt Bonn und den Friedhof erreichte, wo eben der Sarg der Verewigten aus der Kapelle getragen ward – all das mag Ihnen erklären, warum ich mich anschließend auch Ihnen gegenüber besonders verschloss und zusah, dass ich so rasch als möglich wieder davon kam.

Ich war aber noch, wie Eugenie berichtet haben wird, für einige Tage bei Honnef im Siebengebirge, wo sich zu Pfingsten alljährlich besonders werte Freunde auf dem Besitz eines von ihnen zu versammeln pflegen. Weniger als sonst dachte ich diesmal dabei zu sein, ließ mich aber zum Glück überreden und mitnehmen. Wie leer und trübe wäre mir alles auf der Heimreise und hier unter den Erholungsmenschen gewesen und wie schön verklang mir nun so die ernste Trauerfeierlichkeit in der herrlichen Gegend, bei vortrefflicher Gesellschaft und schönster, lebendigster Musik! Auch Frau von Becker-rath, Herr von der Leyen und Professor Barth waren gekommen – am liebsten aber war mir, dass Eugenien, die mich mitgenommen, auch sonst nicht von meiner Seite wich.

Die Tage werden mir immer sehr denkwürdig blei-ben: der seidenblaue Frühlingshimmel, das grüne Gold des Maiwalds und die lieben Menschen mit ihrer Freu-de an der Musik (so am Klavierquintett Ihres Vaters!). All das half mir über die Melancholie und sonstige Düsternis hinweg, der ich mich heute mittels dieses Briefes zu erwehren suchte. Aber schließlich muss ich mir immer wieder sagen: Kann es eine schönere Zeit geben als Pfingsten, um sich von der sterblichen Hül-le der Geliebten zu verabschieden? Vielleicht noch den Ostersonntag, bei welch frommer Andeutung wir es für heute belassen wollen.

Seien Sie von Herzen gegrüßt

Ihr ganz ergebener

Johannes Brahms

P.S. Auf der Suche nach etwas, mit dem ich Ihnen aus meinen Papieren eine Freude machen könnte, stieß ich auf die beiliegenden Zeilen an Ihren lieben Bruder Felix, die inzwischen fast zwanzig Jahre alt sind. Der Brief befand sich unter den nachgelassenen Dokumenten, die Ihre Frau Mutter bald nach Felix' Tod durchsah, weil wir unsere früheren Briefe einander auszutauschen beschlossen hatten. Felix hat die Zeilen nicht mehr zu Gesicht bekommen und später sind sie vergessen worden. Mögen Sie das Blatt behalten, da Felix in Ihren Armen sein so junges Leben beschlossen hat.

Übrigens wird Simrock Ihnen und Eugenien ein weiteres Exemplar der „ernsten Gesänge" zusenden, da ich Elisens Adresse nicht weiß. Bitte haben Sie die Güte zu veranlassen, dass es möglichst bald auf den Weg nach Amerika gebracht wird. Und so nochmals allen guten Geistern empfohlen und lassen Sie von sich nur Gutes und immer Besseres hören

Ihren alten Brahms

Eugenie Schumann an Elise Sommerhoff (geb. Schumann) in den USA (1897)

Der Hintergrund ·

Eugenie Schumann ist die jüngste Schumann-Tochter, an ihren Vater hat sie keine Erinnerung, sie kennt ihn nur aus den Erzählungen der Familie und natürlich aus seiner Musik. Die Adressatin Elise ist die zweitälteste Tochter und acht Jahre älter als Eugenie. Seit fast zwanzig Jahren ist sie mit dem deutschen Kaufmann Louis Sommerhoff verheiratet und lebt in Amerika.

Anlass des Briefes ist Brahms' Wunsch, auch Elise möge ein Exemplar der „ernsten Gesänge" erhalten. Das gibt Eugenie die willkommene Gelegenheit, von den Ereignissen der letzten Zeit, dem Sterben der Mutter und dem Tod von Onkel John, wie die Schumann-Kinder Brahms nannten, ausführlicher als bisher zu berichten. Dabei klingt in den einzelnen Schilderungen und der persönlichen Betroffenheit jene Fin de siècle-Stimmung an, die damals viele nachdenkliche Menschen in ganz Europa erfasst hatte.

Ins öffentliche Bewusstsein dringt das tiefe Krisengefühl erst 1898 durch den Tod Bismarcks, der für seine Epoche ein Garant des Friedens und der Stabilität gewesen war. Seit seiner Entlassung acht Jahre zuvor steuert das Reich aufs offene Meer der Weltgeschichte hinaus und – in zwei Weltkriege hinein; aber das konnte sich damals niemand vorstellen. Die Grundstimmung von

Eugenie Schumann und vielen anderen damals ist ungefähr die: Mit dem alten Jahrhundert geht eine Epoche zu Ende, die neue Ära wird nicht mehr von Religion, Kunst und Philosophie, sondern von Politik, Kommerz und Industrie bestimmt, also von jenen säkularen Mächten, für die damals schon Amerika der Inbegriff war. Dort lebt, wie gesagt, seit langem die Schwester, von der Eugenie wenig weiß. Daher schwingt eine gewisse Unsicherheit in ihren Zeilen mit.

So hält sie sich an das ihr Vertraute, an die Erinnerungen. Sie war jahrelang in England als Klavierlehrerin tätig, nun hält sie sich in der Schweiz auf. Ihr Leben ist alles andere als eine Provinzexistenz, nach ihrem Vater war sie wohl die Introvertierteste, wenn nicht Sensibelste der Schumann-Familie. Sie sieht die Zeit kommen, in der aus der Kunst ein bloßes Gewerbe, eine Industrie unter anderen Industrien geworden ist, während die Kunst für sie ein Lebens-Mittel darstellt, ein Mittel, um in der sämtliche humanen Ressourcen ausbeutenden Industriegesellschaft als Mensch überleben zu können.

Das zeigt der Schluss des Briefes, der die letzte Musik erwähnt, die Clara in ihrem Leben aufgenommen hat. Es ist die von allen Schumanns besonders geliebte zweite Romanze op. 28 in Fis-Dur, die mit dem Titel „Einfach" überschrieben ist und zu den schönsten Stücken der Klaviermusik gehört.

Interlaken, den 9. November 1897

„…O Tod, wie bitter bist du…"

ja, liebe Elise, wie oft haben wir das in unserem Leben erfahren müssen! Erst der Vater, dann die Geschwister bis hin zu Ferdinand, schließlich Mama und kein Jahr darauf schon Onkel John! Aber ebenso: „O Tod, wie wohl tust du dem Dürftigen, der da alt und schwach ist…" – auch das haben wir erlebt. Und dazu die herrliche Musik von Johannes! Hier nun kommt ein zweites Exemplar der „ernsten Gesänge", das Dir nach Amerika zu schicken mir Onkel John Anfang des Jahres eigens auf die Seele gebunden hatte; es waren die letzten Zeilen, die ich von ihm erhielt.

Aber zuerst wüsste ich gern: Was machst Du und wie geht es Dir und den Deinen? Ach, wie bist Du doch allzu weit entfernt! Das spüre ich erst jetzt so stark, nachdem Mama und wenig später Johannes, der uns in vielem ein Vater war, in die Ewigkeit eingegangen sind. Ich stehe in Deiner Schuld, Schwesterherz, ich weiß es wohl. Dein Brief liegt seit den letzten Märztagen auf dem Sekretär und mahnt mich seitdem beinahe täglich zu antworten. Aber dann kam die Todesnachricht von Johannes – ach, Elise, wir wollen es so genau nicht nehmen angesichts der Ewigkeit, der auch wir angehörig sind. Wärst Du nur nicht so weit entfernt! Es kostet mich ordentlich Überwindung, in die neue Welt zu schreiben, da ich keinerlei eigene Vorstellung von ihr habe, nur von dem, was sich hier die Öffentlichkeit alles an Abenteuerlichkeiten erzählt.

Dabei lebst Du ja nicht unter Wilden, wie ich sehr wohl weiß. Und doch frage ich mich, was diese verschiedenen Welten einmal zusammenführen soll. Es wird nicht die Kunst sein, die doch das Wichtigste ist, das glaube mir. Was aber dann? Sieh Dich um, bei Euch ist es nicht anders als bei uns: Überall Fabriken und Telegrafenleitungen, die Dampfschiffe, auf die die Luftschiffe folgen, die Eisenbahnen und Kanäle, die durch die Erde gegraben werden – das ist es, was die Länder und Kontinente der Welt zusammenbinden wird. Das nächste Jahrhundert, dessen Einstand wir in Bälde erleben, wird es zeigen. Ob es zur mehr Menschlichkeit, zu einer Verständigung der Völker führen wird? Ich fürchte, Zank und Streit werden wie bisher überwiegen und es wird weiterhin zugehen wie beim Turmbau zu Babel, dessen Folgen uns noch heute in den Knochen stecken.

Wenn ich dann wie jetzt im Lauterbrunner Tal bin und den Staubbach sehe, der seine Schleier noch ebenso über den Abgrund wehen lässt, wie Mama, Marie und ich ihn vor fast zwanzig Jahren sahen, dann fällt die Distanz zur alten Zeit fort und mir ist, als stürzte unsere fortschrittliche Geschichte, auf die wir so stolz sind, wie ein Nichts zusammen und es gäbe nur die eine und einzige Ewigkeit, die unsere Seele ein Leben lang sucht. Aber es gibt andere Tage, da überfällt mich das Abgründige des Daseins ganz unheimlich, so dass ich mir mit Mitte vierzig selber schon ganz historisch vorkomme. Ich las neulich die Briefe Mamas an Johannes und konnte nicht glauben, dass die Jahre in Baden für immer dahin sind. Lilienthal No. 14 – das war doch für mich die eigentliche Heimat der Kinder- und Jugendzeit. Wenn Du darüber lächelst, musst Du bedenken, dass ich keine eigene Erinnerung an den Vater habe. Darum werde ich Dich und Marie immer beneiden, ich besitze nur das Bild, das Du, Mama und Onkel John von ihm gezeichnet habt. Und natürlich Papas Musik, was aber etwas anderes ist. Ich spiele sie beinahe so, wie ich Beethoven und Schubert spiele, sie gehört der Welt, der Menschheit an, nicht einer Person, dem privaten Bereich. Ich glaube sogar, dass sie wie alle große Musik ein Spiegel des Universums ist, wenn ich mich wie einstens Jean Paul hier noch so ausdrücken darf.

Aber davon nicht mehr, ich weiß, dass Du mich verstehst, auch wenn Du in Amerika lebst. Du warst von uns allen immer die Selbständigste und hast Dich früh gelöst, selbst von Mama, was etwas heißen will. Ich dagegen brauche mehr denn je die Erinnerungen wie die Luft zum Atmen, sie sind mir der Duft des Lebens, der mich mit allen Fasern des Herzens an die alte Welt gebunden hält. Darum habe Dank und sag ihn auch Deinem lieben Mann für das Anerbieten, mich drüben bei Euch aufnehmen und mir so eine neue Heimat geben zu wollen. Ich glaube aber nicht, dass das möglich ist, auch fühle ich mich dafür nicht jung genug. Es sind die Toten, die Gräber, die Erinnerungen, die mich zurück halten und mir nach all den Abschieden die Welt halbwegs noch wohnlich machen. Du, liebe Elise, bist an Jahren, ich an Schatten reicher – ich nähme sie überall mit hin. Aber sie wollen *hier* ruhen und wirken, sind sie doch hier zu Hause und nicht in einem Irgendwo. Für mich sind die Toten nicht abgelebt oder Teil eines mysteriösen Nichts, sie leben auf eine Weise weiter, die wir nicht kennen; aber sie leben, des bin ich gewiss. Wir haben ohnehin keinen Begriff davon, wie es um und mit uns steht, ob überhaupt und warum, wann und wo.

Die Schilderung Eures Konzertlebens hat mich durchaus interessiert. Es ist also nicht so, dass die Amerikaner nur für Kohle, Erz und Baumwolle Interesse haben? Und das Kätchen spielt schon die Davidsbündlertänze? Das ist allerliebst! Gib ihr einen Kuss von mir und erzähl ihr von der fernen Tante, die nun vorerst in den Schweizer Bergen bleiben will. Nach England zieht es mich nicht mehr, die Jahre waren gut, aber das Klima hat mir zugesetzt; vor allem im Winter, wenn man nichts als Nebel sehen und atmen muss.

Übrigens solltest Du die erste Sendung mit den „Gesängen" Anfang des Jahres erhalten haben. Da Du nichts davon schriebst, musste ich glauben, sie sei auf dem langen Weg über den Ozean verschollen. Nach dem Tod von Johannes wurden erst Marie, etwas später auch ich krank, wahrscheinlich die Folge einer langen Nervenanspannung, die sich den Sommer über hinzog. Schließlich waren schon das Jahr zuvor die letzten Monate mit Mama nicht leicht gewesen. Übrigens erzählte mir Onkel John nach der Beerdigung beim Pfingsttreffen in Honnef, Mama und er hätten schon bei ihrem Zusammensein im Oktober 95 das Gefühl gehabt, dass dies „die letzte Trennung" sei. Das ist so ganz Johannes, das Entscheidende kommt wie nebenbei, oft schief heraus und ist doch zugleich über die Maßen treffend.

Wie immer übernachtete er auch damals bei uns, wollte aber nicht länger bleiben und so bald als möglich weiter nach Wien – wie gestern ist es mir in der Erinnerung! Mama hörte ich unmittelbar nach dem Frühstück Bach spielen, sie hatte sonst in den letzten Jahren nie am Morgen gespielt. Dann kam Johannes mit Papas Introduzione aus der f-moll-Sonate, die niemand so kraftvoll spielt wie er. Dabei muss ich immer denken, wie erbost Mama war, als er einmal vor Jahren mit ihr geendet und dann in seinen Bart gemurmelt hatte, diese Introduzione sei eine Einführung ohne Ausführung, mit ihr sei die Sonate schon am Anfange vorbei. Er spielte auch jetzt nicht weiter, vielmehr hörte ich danach wieder Mama mit Stücken aus Johannes' letzten Intermezzi, die Du noch nicht kennst. Mir war bei alldem, als grüßten sich die treuen Freunde zum letzten Mal, wie es dann ja auch gewesen ist.

Nachdem sie aufgehört hatte, ging ich hinüber ins Musikzimmer. Mama saß nun seitwärts an ihrem Schreibtisch, ihre Wangen waren sanft gerötet und die Augen strahlten wie von innerem Licht. Johannes stand gegenüber und sah weich und ergriffen aus. „Ihre Mutter hat mir ganz herrlich vorgespielt", sagte er – wenige Stunden später schied er für alle überraschend; er wollte unbedingt zu seinem Zug, es war wie eine Flucht. So umarmten und küssten sie sich, wie sie immer getan, wenn sie sich begrüßten oder Abschied nahmen, diesmal allerdings ohne Wiederkehr.

Von der Irrfahrt zu ihrem Begräbnis hat sich Johannes, glaube ich, nicht wirklich mehr erholt. Ist es nicht ein Glück, dass wir uns im Leben manchmal von einer Macht geführt sehen, von der unser Verstand keinerlei Ahnung hat? Und doch ist diese Macht da. Als Herr von der Leyen fragte, ob Johannes nicht das Pfingstfest auf dem Hagerhof verbringen wolle und dieser scherzhaft antwortete, nur wenn Fräulein Eugenie ihn begleite, da war's mir wie eine Erleuchtung, diesen Scherz für Ernst zu nehmen, als ob es ein Fingerzeig des Schicksals sei. Und so fuhren wir denn an dem herrlichen Maisonntag zusammen hinaus nach Honnef ins Siebengebirge. Dort trafen wir Professor Barth, der einst Johannes' Violinkonzert berühmt gemacht hat, auch Bram-Eldering, Professor Wolf und Karl Piening aus Meiningen.

Ich weiß nicht, ob Dir einer der Namen etwas sagt, jedenfalls war so ein vorzügliches Quartett beisammen, das dann am anderen Morgen – wieder ein frischer, sonniger Maitag – mit dem Gastgeber Herrn von der Leyen Vaters Klavierquintett spielte. Johannes und ich, sowie Herr von Beckerath und ein sympathischer, junger Gerichtsassessor mit Namen Gustsav Ophüls gingen derweilen auf dem Schlossplatz spazieren, mir war, als weilte bei den so vertrauten Klängen Papa mitten unter uns. Die Vögel sangen in den hellen Birken, durch die geöffneten Fenster drang das Finale weit in die Täler hinaus, in der Ferne erklang Glockengeläut. Da räusperte sich Johannes laut und vernehmlich, schließlich wurde ein Husten daraus, was immer kam, wenn er besonders ergriffen war. Und wirst Du es glauben, liebe Elise, dass es mir vorkam, als wären beide Eltern anwesend und alle miteinander auf ewig vereint?

Sonst herrschte eine feierliche Stille, wir blieben ste-

hen, keiner sprach ein Wort. Plötzlich bei der Ferma-
te 114 Takte vor dem Schluss (ich meine vor der die
Hauptthemen des ersten und letzten Satzes im Fuga-
to vereinenden Koda) unterbrach Johannes die Stille
durch die hastig hervorgestoßenen Worte: „Hier schloss
das Stück ursprünglich!" Und dann setzte er Herrn von
Beckerath auseinander, dass Papa an dieser Stelle den
Schluss des Werkes durch das Datum bereits markiert
hätte, ihm dann aber in einer seiner schlimmen, schlaf-
losen Nächte noch die herrliche Fuge eingefallen sei.
Er habe sich trotz der Schmerzen sogleich erhoben, sie
noch in derselben Nacht skizziert, in den Tagen darauf
ausgeführt und das Stück so, wie es die Welt kennt, in
Wahrheit erst vollendet. Wusstest Du das? Ich jedenfalls
nicht und Marie auch nicht, aber sicherlich Mama, die
genau in jener Zeit mit Dir schwanger ging. Solltest Du
das Quintett einmal wieder hören, müsste sich Deine
Seele durch Papas wunderbare Musik eigentlich bis vor
die Geburt an ihre göttliche Abkunft erinnern – so jedenfalls der große Platon, wenn ich ihn richtig verstanden habe. Was sagst Du dazu?

Als ich Johannes später beim Essen nach genaueren
Erklärungen fragte, war er wieder ganz in sich gekehrt,
fast mürrisch; wie überhaupt seine Stimmung an den
beiden Tagen häufig wechselte. Mama habe es ihm erzählt, erwiderte er, er wolle es aber nicht an die große
Glocke gehängt sehen. Da alles jetzt Biografien schrei-
be, auch über Leute, die gar keine hätten, sei niemand
mehr davor sicher, dass ein Geheimnis ein solches auch
bleibe, das heißt „im Unsäglichen" aufbewahrt sei. Er
hoffe nur für sich, dass ihn die Nachwelt bald vergessen

und in Ruhe lasse werde. Mit seiner Musik möge man es halten wie man wolle, dergleichen interessiere ihn nicht. Nun, Du weißt, wie düster er schon früher in solchen Stimmungen war. Meist kam dann die Sache mit Bellini, von dem er sagte, dass man ihn irgendwo hinter diesem in der Musikgeschichte einordnen werde.

Liebste Schwester da drüben in Eurer neuen Welt, es war das letzte Mal, dass ich Johannes sah. Am Nachmittag des Pfingstmontag nahm ich Abschied, da ich noch bis Frankfurt fahren musste. Der Wagen kam, alle Gäste standen auf der Terrasse, Onkel John war an den Verschlag getreten und gab mir die Hand. Ach, wäre ich ihm doch um den Hals gefallen, wie ich doch früher so oft getan! Aber es geschah nicht, weiß der Himmel warum. Er winkte, ich winkte, bis ich nur noch sein Taschentuch sah, ein immer ferneres Auf- und Abschweben wie weicher, weißer Flügelschlag.

10. November 97

Ich will noch erzählen, dass ich die „ernsten Gesänge" zuerst von Johannes selber gehört habe, und zwar an diesem Pfingstmontag. Beim Gang durch den Park vor dem Essen blieb er plötzlich stehen und sagte: „Ich habe mir zu meinem Geburtstag ein paar Liederchen komponiert, es sind ganz gottlose Lieder, die die Polizei verbieten müsste, stünde der Text nicht in der Bibel." Wir waren alle gespannt, und nach Tische kramte er wirklich aus seinem Koffer etliche der berühmten querformatigen Manuskriptblätter hervor, setzte sich an den Flügel und begann mit heiserer Stimme mehr zu deklamieren denn zu singen. Aber da wir ihn alle kannten und liebten, ahnten wir sogleich die Schönheit dieses letzten Werkes, das in der Tat nicht aus Liedern, sondern aus Gesängen besteht. Ich meine Gesang im weitesten Sinn und denke an Papas „Gesänge der Frühe", die mir immer ein Wunder sind. Wie merkwürdig, dass beider letztes Werk Gesänge sind, bei Papa sogar anfangs choralartig. Dabei denke ich immer an den Choral „Vor deinen Thron tret' ich hiermit...", der, glaube ich, die letzte Musik war, die Bach geschrieben hat.

Mir fällt noch ein, dass Johannes am Schluss des dritten Liedes nicht mehr an sich halten konnte vor Rührung. Das ist die Stelle, wo bei den Worten „O Tod, wie wohl tust du dem Dürftigen..." das himmlische Dur alles in ein neues Licht treten lässt – wie nicht von dieser Welt. Die Tränen kamen ihm in die Augen, kaum vermochte er das Lied unter Mühen zu Ende zu bringen. Gewiss dachte er an Mama, an das eigene Leben, an Papa ... Haben wir eigentlich gewusst, mit welch verborgenem Leiden Onkel John seine herrliche Musik erkaufen musste? Darin gleicht er Papa, nur die Gründe sind andere, wenn ich an seine ständige Einsamkeit denke; doch ein „Musikalisches Opfer" war auch sein Leben allemal.

Auf der Hinfahrt zum Hagerhof hatte er mir in seiner schroffen Art noch gesagt: „Unsereiner ist gegen die Großen doch bloß eine halbe Portion. Was ich allein Ihrem Vater verdanke, ist kaum zu sagen. Aber Sie wissen ja, welchen Respekt ich vor allem habe, was Meister heißt." Wie Du weißt, kokettierte er gern mit seinem Ruhm, von dem er sagte, er sei nichts anderes als die

Quersumme öffentlicher Missverständnisse. Zugleich wusste er, dass er in Wahrheit jenem halben Dutzend Großer angehört, die das Jahrhundert geprägt haben und die niemals vergessen werden. Er wollte es nur nicht zugeben und spottete über die anderen, so über den lauten Richard Strauß, der „ja nun wirklich nicht zu *über*hören sei".

Ach Elise, in mir rührt sich alles wieder auf, ich mache daher lieber Schluss. Es ist einerseits so wenig mit dem Leben und den Menschen, andererseits auch wieder so viel, dass man's gar nicht sagen kann. Und so wollen wir es immer wieder mit ihm wagen, obwohl es schwer halten wird, wenn ich draußen an die lärmende Welt und das neue Säkulum denke, das so aufgeregt vor der Türe steht und auf Einlass drängt. Wirst Du glauben, dass ich Leute kenne, die sich nicht vorstellen können, dass dem neunzehnten Jahrhundert ein zwanzigstes folgt? Was wohl an seinem Ende die Menschen sagen werden, vor allem über die Kunst? Bei uns tut jetzt alles so, als habe man die Musik eben erst erfunden. Von Mahler hielt Onkel John viel, deshalb hat er ihm auch den Posten bei der Wiener Oper verschaffen helfen. Er meinte aber auch, Mahler solle schon wegen des Namens nicht so viel à la fresko „mahlen"... Das ist so ganz Onkel John!

Von Joseph Joachim höre ich wenig, auf die Frage zu Papas nachgelassenen Violinkonzert reagiert er nicht. Daran spürt man, dass er sich von seinem Ehedrama noch nicht erholt hat. Aber ich will mich darin auch nicht exponieren, er schrieb mir nur kurz nach Mamas Beerdigung einen Absatz Onkel Johns über Mama, den ich hier noch hinsetzen will, auch wenn alles schon eineinhalb Jahre her ist. Joachim hatte ihm nach dem Schlaganfall wohl geschrieben, ihm schwindele bei dem Gedanken, Mama zu verlieren, und Johannes hatte geantwortet: „Erschrecken kann uns der Gedanke, sie zu verlieren, nicht mehr, nicht einmal mich Einsamen, dem gar zu wenig auf der Welt lebt. Und wenn sie von uns gegangen ist, wird nicht unser Gesicht leuchten, wenn wir ihrer gedenken? Der herrlichen Frau, deren wir uns ein langes Leben hindurch haben erfreuen dürfen – sie immer mehr zu lieben und zu bewundern? So nur trauern wir um sie…"

Damit genug, liebste Elise, und nichts Weiteres mehr in Eure neue Welt, die doch so neu auch wieder nicht ist. Es umarmt Dich aus nächster Ferne

Deine Dich liebende

Schwester Eugenie

Tags darauf

P.S. Nochmals überlese ich Deinen letzten Brief. Nein, Mama konnte in den letzten Wochen keine Musik mehr vertragen, das lag wohl an dem immer schlechter werdenden Gehör. Das Letzte, was sie wahr nahm, war Papas Fis-Dur-Romanze aus op. 28 mit dem immer leiser werdenden C am Ende; das versicherte mir Marie, die dabei saß. Es war ein Vorfrühlingstag Mitte März, die Fenster vom Musikzimmer standen offen und Ferdinand, der nun ein richtiger Junge ist und seit dem Tode seines Vaters mit in der Myliusstraße wohnt, musste ihr das Stück vorspielen. Nachdem er geendet, sagte Mama leise: „Es ist nun genug." Bald darauf ereilte sie der Schlaganfall, von dem sie sich nicht mehr erholte.

Ich liebe das Glocken-Stück, wie Mama es nannte, seitdem noch mehr und spiele es mir oft selber vor. Dann bin ich vollkommen gesammelt und in mir ruhend, zugleich umfasst meine Seele alles, das mir lieb und teuer ist, gleichviel ob in der alten oder neuen Welt; gibt es doch nur diese eine Welt. Du kennst ja das Stück, aber besitzt Du auch die Noten? Es verklingt ins Unhörbare, Unerhörte, aber es vergeht nicht, es endet nicht …

II
ETÜDEN

PATHOS UND PASSION
Etüden der Unsterblichkeit

Was sind Etüden? Musikalische Stücke zum Üben. Was bedeutet Unsterblichkeit? Ein Leben im Jenseits, ein Dasein, so meinen wir, das den Tod nicht kennt. Etüden der Unsterblichkeit sind demnach Stücke, die uns auf ein Leben nach dem Tode einstimmen, eine Vorstellung, die es überflüssig zu machen scheint, sich Genaueres dabei zu denken. Denn sie ruft jene vage transzendente Stimmung hervor, die vom Denken suspendiert und die wir von der Kunst im allgemeinen und der Musik im besonderen erwarten.

Um es vorweg zu sagen: Mit dieser bürgerlichen Vorstellungs- und Gefühlswelt hat Robert Schumann nichts zu tun. Zudem will ich heute Abend nicht über Philosophie sprechen, sondern über Musik und eine kleine Einführung zu Schumann geben – allerdings nicht so, dass ich wissenschaftliche Details zu den einzelnen Werken mitteile. Diese würden Sie zu Recht schneller vergessen, als ich sie berichten kann. Ich möchte Ihnen vielmehr etwas von Schumanns *Lebenswirklichkeit* deutlich machen, und das geschieht am besten so, dass ich nicht von ihm, sondern von uns ausgehe. Und da stellt sich die Frage: Warum eigentlich ein Schumann-Abend? Weil der Interpret das Programm gerade

„drauf" hat oder weil der Veranstalter des Konzerts eine besondere Liebe zu Schumann hegt? Das wäre eine Erklärung, aber keine Rechtfertigung. Liegt der Grund in der Persönlichkeit Schumanns? Oder in der besonderen geschichtlichen Bedeutung seines Werkes für die Entwicklung der modernen Musik? Kann beides voneinander getrennt werden?

Robert Schumann lebte von 1810 bis 1856, die beiden letzten Jahre verbrachte er in der Nervenheilanstalt von Endenich bei Bonn. Er hatte sich im Februar 1854 aufgrund tiefer Depressionen in den Rhein gestürzt, war aber gerettet worden. Daraufhin begab er sich freiwillig in die Obhut der Ärzte – ein Schicksal, das, was die Krankheit betrifft, dem von Hölderlin und Nietzsche zu ähneln scheint.

Aber anders als bei diesen beiden, die Junggesellen waren, kann von Schumann nicht geredet werden, wenn nicht zugleich von seiner Frau Clara gesprochen wird. Ihre Lebensdaten sind: geboren 1819, gestorben 1896. Sie war neun Jahre jünger und überlebte ihren Mann um 40 Jahre. Schon zu ihrer Lebenszeit waren sich die Zeitgenossen im klaren, dass Clara Schumann zu den bedeutendsten Frauengestalten des Jahrhunderts gehörte. Sie war nicht nur die große Liebe von Schumann, sondern später auch die von Johannes Brahms. Diese Liebe blieb unerfüllt, doch waren beide, Clara wie Brahms, bis zu ihrem Lebensende die engsten Freunde. Brahms überlebte Clara nur um ein knappes Jahr. Sein letztes Werk ist ihrem Andenken gewidmet und trägt den Titel „Vier ernste Gesänge" für Bariton und Klavier. Auch Schumanns letztes Werk sind „Gesänge", allerdings nur für Klavier. Es sind die „Gesänge der Frühe", die wir gleich hören werden. Schumann hat sie kurz vor Ausbruch der Krankheit im Oktober 1853 komponiert. Sie sind nicht Clara gewidmet, sondern „der sehr hohen Dichterin Bettina von Arnim". Die ursprüngliche Widmung lautet allerdings: „An Diotima".

Dieses Werk ist so gut wie unbekannt und taucht kaum je in den offiziellen Konzertprogrammen auf. Wenn Sie eine Aufnahme davon suchen, so finden Sie das Werk bisher in einer einzigen Einspielung, nämlich der, die das gesamte Klavierwerk Schumanns auf zwanzig Platten oder 13 CD's präsentiert. Sie müssen also jeweils die gesamte Kassette kaufen, wenn Sie dieses wichtige Werk der Musikgeschichte kennen lernen wollen. Auch unser Gast Andreas Lutschewitz kannte es nicht; er hat es für den heutigen Abend einstudiert. Dafür möchte ich ihm besonders danken.

Robert und Clara Schumann – Namen und Daten. Können diese einen Schumann-Abend rechtfertigen? Nein. Es müssen schon einige zusätzliche Überlegungen hinzukommen. Vor fünf Jahren ist ein Buch herausgekommen, das seitdem mehrere Auflagen erlebt hat. Es trägt den Titel „Robert und Clara Schumann – Briefe einer Liebe". Der Band hat nicht nur historischen, sondern literarischen Wert. Er zeigt uns, dass da, wo menschliche Bindung nicht als bloßer Zufall erfahren wird, eine Lebensintensität entsteht, die zu verstehen uns Nachlebenden schwer fällt.

Robert und Clara Schumann gelten als das berühmteste Liebespaar des 19. Jahrhunderts. Nicht die Schriftsteller, wohl aber die Journalisten und Filmemacher haben sich des Schicksals der beiden angenommen und es immer wieder als „Love story" in Szene gesetzt, die meist mit der Heirat im September 1840 endet. Dabei fällt unter den Tisch, dass diese beiden sensiblen und komplizierten Künstler vor allem das berühmteste Ehepaar des Jahrhunderts waren. Die Ehe dauerte kaum mehr als ein Dutzend Jahre. Vier Jahre hatten beide allein benötigt, um sie einer feindlichen Umwelt abzutrotzen – Jahre, die für Roberts labilen Gesundheitszustand doppelt zählten, in denen aber auch seine berühmtesten Klavierwerke komponiert wurden. „Bücher voll habe ich gedacht und gelitten", heißt es in einer Tagebuchnotiz aus jener Zeit, doch „der eine Gedanke der Treue überwiegt alles." Schumann dementiert damit selber alle späteren Versuche, aus seiner Liebe zu Clara ein bürgerliches Rührstück zu machen. Das ist schon deshalb nicht möglich, weil beide der Überzeugung waren, dass diese Liebe, wie man damals sagte, in ihrem *Grunde* nicht von dieser Welt sei.

Das zu verstehen, macht uns heute Mühe, denn wir sind gewöhnt, nur das als Wirklichkeit gelten zu lassen, was von dieser Welt ist und heute „Gesellschaft" heißt. Das hat Konsequenzen, die wir uns selten klarmachen. So fragen wir nicht, was Kunst aus sich selbst heraus ist, sondern was sie für eine gesellschaftliche Funktion hat. Schumann hätte darin die unsachgemäße Frage von Gesellschaftsfunktionären gesehen, denn der Künstler selbst fragt nicht nach der „gesellschaftlichen Funktion" seiner Arbeit. Tut er es doch, hat er die eigene Fragestellung vergessen und sich die von Sozialwissenschaftlern zu eigen gemacht. Schumann schreibt am 18.3.1838 an Clara, die wahre Kunst, jedenfalls seine Musik, sei nicht „für den Beifall des Publikums", das heißt für die Gesellschaft, „berechnet", sondern „um ihrer selbst willen da". Also, l'art pour l'art? Keineswegs. Für die damalige Zeit war die Kunst so um ihrer selbst willen da, wie die Rose um ihrer selbst willen blüht. Sie war ein natürliches, kein soziales Phänomen, die Menschen verstanden sich als Teil der Natur, das „gesellschaftliche Bewusstsein" entstand erst mit der Industriegesellschaft.

Die Natur war göttlich. Deshalb galt auch die künstlerische Tätigkeit als göttliches Vermögen. Ähnlich die Liebe. Sie erschien nicht als bloß privates Gefühl, sondern als das eigentliche Element des Lebens, das dem Künstler Arbeit und Werk erst ermöglicht. Wenn es in den Briefen Roberts und Claras heißt, die Liebe reiche „über den Tod hinaus", so gehört das für uns in den Bereich des Glaubens oder Aberglaubens. Denn für den Zeitgenossen von heute gilt der Tod als das Ende des Lebens, wie überhaupt die Wirklichkeit da für ihn zu Ende ist, wo sein *Wissen* am Ende ist. Als wären Wissen und Welt identisch! Diese magische Vorstellung der Moderne wäre Schumann vorgekommen, wie wenn jemand behauptete, die Sonne habe aufgehört zu existieren, weil sie hinter dem Horizont verschwunden sei. Bis in die Einzelheiten wird an den Briefen Schumanns deutlich, dass es ohne die Liebe zu Clara seine Musik gar nicht gäbe.

Es ist erstaunlich, mit welcher Klarheit Schumann die Voraussetzungen seiner Existenz durchschaut hat.

Er hat erkannt, dass für ihn im Verhältnis zu Clara nicht nur eine menschliche Beziehung, sondern die Welt im ganzen auf dem Spiel stand. Ein solches Vermögen, sich denkend selber transparent zu sein, nennt die Philosophie „transzendentale Reflexion". Das bedeutet im Kern die Fähigkeit zu erkennen, dass die Bedingungen unseres Daseins „nicht von dieser Welt" sind. Von welcher Welt dann? Von jener, die wir allein im Horizont einer unbedingten Liebe erfahren, einer Liebe also, die keine Bedingungen stellt. Von „dieser Welt" dagegen ist die Macht mit ihren Bedingungen von Druck und Stoß, die als Liebe maskiert am wirkungsvollsten sind.

Andreas Lutschewitz spielt nachher zwei der acht „Noveletten" op. 21. Dazu schreibt Robert an Clara am 6.2.1838: „Ich weiß nicht, wer mir verwehren könnte, Dir noch einmal so viel zu schreiben als Du mir. Am liebsten möcht ich es mit Musik – denn das ist doch die Freundin, die alles am besten ausrichtet, was innen steht. Da habe ich Dir denn auch so entsetzlich viel komponiert in den letzten drei Wochen – Spaßhaftes, Egmontgeschichten, Familienszenen mit Vätern, eine Hochzeit, kurz äußerst Liebenswürdiges – und das ganze Noveletten genannt ..." Wir hören also nicht nur irgendwelche Themen oder Melodien, die diese oder jene romantische Stimmung wiedergeben, sondern wir hören in jedem Stück, das Schumann komponiert hat, stets dieselbe Grundüberzeugung, nach der die Liebe das Zentrum der Schöpfung und die Musik die universale Sprache dieser Schöpfung ist.

Zu Lebzeiten Schumanns war Clara die Berühmtere von beiden. Sie spielte von Kindesbeinen an Klavier und galt überall als Wunderkind. Goethe, der sie im Alter von 82 Jahren bei sich zu Hause in Weimar musizieren hörte, sagte treffend: Dieses Mädchen hat die Kraft von sechs Knaben. Er meinte damit die geistig-seelische Kraft, die sie auch brauchte, um sich als eine der ersten Künstlerinnen ihrer Zeit in der Männergesellschaft von damals durchzusetzen. Was das als Lebensleistung bedeutet, wird erst klar, wenn wir uns vor Augen führen, dass sie sich pianistisch gegen so geniale Zeitgenossen wie Franz Liszt, Felix Mendelssohn-Bartholdy, Frederic Chopin und Johannes Brahms behaupten musste – Männer, mit denen die Schumanns bekannt, ja befreundet waren. Bis über ihr siebzigstes Lebensjahr hinaus trat Clara öffentlich auf. Sie galt als die bedeutendste Pianistin Europas und hat der Musik ihres Mannes, die sie immer wieder spielte, erst zum Durchbruch verholfen. Sie hat auch selber komponiert, Lieder und Kammermusik von eigenständiger Sensibilität und Kraft.

Freilich war Robert Schumann nicht unbekannt. Doch sein Name wurde in der Öffentlichkeit weniger als Komponist denn als Musikkritiker genannt, auch gefürchtet. Komponisten wie Chopin, Dvorak, Berlioz und Brahms hat er selbstlos den Weg in die Öffentlichkeit gebahnt, auch vielen anderen, die inzwischen vergessen sind. Wenn Sie die „Neue Zeitschrift für Musik", heute das wichtigste Organ der seriösen Musikwelt, aufschlagen, dann lesen Sie im Impressum: „Gegründet 1834 von Robert Schumann, 148. Jahrgang ..." – eine Zeitschrift, die ohne Beispiel ist. Schumann hat sie nicht nur gegründet, sondern ist zehn Jahre lang ihr Redakteur und Herausgeber gewesen. Er hat einen großen Teil der Artikel selber geschrieben und gilt zu Recht als der eigentliche Begründer der modernen, professionellen Musikkritik.

Rechtfertigt alles dies einen Schumann-Abend – Lebensdaten und Fakten und dazu jene vermeintlichen Privatissima, die die Liebe und Ehe der Schumanns betreffen? Kommt es nicht in Wahrheit allein auf das Werk, auf die Musik als solche an? So scheint es. Aber was ist *das* Werk? Die Summe der einzelnen Werke? Nein, umgekehrt: In jedem einzelnen Werk ist das Gesamtwerk des Künstlers präsent. Deshalb können wir mit einiger Übung bei Stücken, die wir noch nie gehört haben, sagen: Das ist von Bach, dieses von Mozart, jenes von Brahms. Denn nicht nur das einzelne Opus, sondern jedes Gesamtwerk hat seine eigentümliche, unverwechselbare Gestalt, seine Aussage, seine „Botschaft" – ein Wort, das aus der Welt der Religion stammt, heute aber, wo es jeder Werbetexter im Munde führt, kaum noch verwendet werden kann. Daher spreche ich lieber vom Pathos eines Werkes, ein griechisches Wort, das Leidenschaft bedeutet, Leidenschaftlichkeit als Lebensvollzug, als Indikator der Lebensintensität.

„Wie wir doch sympathisieren!" ruft Clara in einem ihrer Briefe aus und meint mit „Sym-pathie" die ursprüngliche Bedeutung des Wortes, nämlich „Mit-leiden" als das leidenschaftliche miteinander Leben und Erleben der Welt – der Welt im ganzen und nicht nur im Sinne jenes schmalen Ausschnitts, der der „Gesellschaft" und ihrer „Um-Welt" angehört. Schumann hat daher seine „Sinfonischen Etüden", die zu den berühmtesten Werken der Klavierliteratur zählen und die wir im zweiten Teil des Abends hören, zunächst „pathetische Etüden" genannt. Aber das bliebe ein unerhebliches Detail, wenn wir nicht in der Lage wären, in jedem seiner Werke das gesamte Schumannsche Pathos zu hören.

Schumann machte sich keine Illusionen darüber, dass das Publikum mit seiner Musik überfordert war. Am Schluss seines zitierten Briefes an Clara vom 6.2.1838 heißt es: „Dass Du von den Sinfonischen Etüden spielst, freue ich mich sehr; aber ich denke, es verstimmt Dich, wenn Du damit nicht den Beifall erhieltest, den Du gewohnt bist – und das kann nicht möglich sein, dass sie dem Publikum zusagen könnten. Neulich las ich im Goethe - Zelterschen Briefwechsel von Zelter, wie er bei einer ähnlichen Gelegenheit sagt: ‚Es ging ihm wie jemandem, der zum ersten Mal den gestirnten Himmel ansieht: – man wird nicht klug daraus‘, – da habe ich doch sehr lachen müssen. So wird es auch nach den Etüden sein, die nun vollends nur wenig von einem gestirnten Himmel haben."

Warum nicht? Weil der gestirnte Himmel nichts Sympathetisches, nichts Leidenschaftliches hat. Die Leidenschaftlichkeit gehört zum Menschen und seiner Geschichte, nicht zur Sphäre der Sterne und jener metaphysischen Harmonie, die die Menschen von den frühen Griechen bis hin zu Goethe beim Anblick des Himmels empfunden haben. Das gilt noch, wie Goethe meinte, von der Musik Johann Sebastian Bachs, der gut hundert Jahre vor Schumann lebte. In dem von Schumann erwähnten Briefwechsel Goethe - Zelter steht nämlich auch jene berühmte Stelle, mit der Goethe den Eindruck von Bachs Musik beschrieben hat. Ihm sei beim Hören gewesen, „als wenn die ewige Harmonie sich mit sich selbst unterhielte, wie sich's etwa in Gottes Busen, kurz vor der Weltschöpfung, möchte zugetragen haben."

Das sind für den im Alter so nüchternen Goethe in der Tat pathetische Worte, die zeigen, was es heißt, die Botschaft, das Pathos einer Musik im ganzen zu erfahren. Schumanns Musik gilt nicht mehr der ewigen Harmonie des Himmels, die im göttlichen Kosmos erscheint, sondern der geschichtlichen Sphäre der Menschen, ihrer irdischen Wirklichkeit. Ohne die Liebe zur Natur ist aber die Sym-pathie mit allem Menschlich - Allzumenschlichem nicht möglich. Das ist die entscheidende Erkenntnis, die uns Heutige die globale ökologische Krise lehrt. Denn die Humangeschichte ist Teil der Naturgeschichte, nicht umgekehrt, wie Karl Marx dekretiert hat. „Cultura" bedeutet bei Cicero die Pflege der Erde im Sinne des Garten-, des Ackerbaus. Wir tun daher recht daran, nicht mehr von unserer Kultur zu reden, sondern von der Hightech-Zivilisation.

„Du fragst mich", schreibt Clara am 25.11.1838, „ob ich Sinn für die Naturschönheit hätte, den dank ich Dir, der Liebe zu Dir; es ist eigen, seit ich Dich liebe, lieb ich auch die Natur." Hier wird deutlich, dass es sich nicht allein um private Gefühle handelt, auf die wir die Liebe zwischen Clara und Robert gern reduzieren möchten, sondern um ein umfassendes Weltverhältnis, das dem unsrigen diametral entgegengesetzt ist. Wir lieben die Natur nicht, wir beuten sie aus und zerstören nicht nur sie, sondern damit uns selbst. Dagegen zeugt Schumanns Musik – was immer wir uns bei ihr denken oder nicht denken – von einem Weltverständnis, das uns abhanden gekommen ist. Das ist der Grund, warum sich unsere Gesellschaft in jener tiefen Krise befindet, von der wir zwar wissen, der wir aber nicht beizukommen vermögen. Dabei handelt es sich nicht nur um die „Umwelt-Krise" durch Politik, Ökonomie und Technologie, sondern in alledem um die Krise jenes Bürgers der technisch-wissenschaftlichen Zivilisation, der sich ausschließlich selber Bedingung ist und nicht mehr über sich hinaus zu fragen vermag.

Von Schumanns Pathos zeugt heute Abend auch das letzte Werk, die „Gesänge der Frühe" mit der eigentlichen Widmung „An Diotima". Warum Diotima und nicht „Für Clara", wie bei so vielen anderen Werken Schumanns? Diotima ist keine bestimmte Person, sondern ein alter mythischer Name, den Platon der eigentlichen Liebe, der Liebe zur „Unsterblichkeit" gegeben hat. Ohne diese könne man, so Platon, das Sterbliche nicht lieben. Wenn Schumann kurz vor dem endgültigen Durchbruch der Krankheit ihr, Diotima, sein letztes Werk widmet, so ist er sich sein Leben lang in unerhörter Weise treu geblieben. In seiner Musik können wir sie hören, diese so unerhörte Weise.

Was aber „ist" das Unsterbliche? Habe ich nicht behauptet, Schumanns „Sympathie" gelte dem menschlichen, dem sterblichen Bereich? Platon meint mit Unsterblichkeit nicht etwas Jenseitiges, wie dies später die Metaphysik interpretiert hat, sondern jene zeugende und schaffende Kraft des Lebens, die die Bedingung alles Sterblichen und deshalb selber unsterblich ist. Sie wird nicht nur in der Kunst auf besondere Weise offenbar, sondern Kunst und Künstler sind ihr Repräsentant. Deshalb ist die Kunst von Platon bis zu Schumann nicht Erscheinung einer „Gesellschaft", sondern das Medium elementarer Lebens- und Darstellungskraft. Die Bürger der Hightech-Zivilisation stellen sich dagegen im Bannkreis von Technik und Wissenschaft dar, die Sphäre ihres Denkens und Handelns ist nicht die Kunst, sondern die Technologie.

Schumann steht auf der Grenze zwischen zwei Weltepochen: Er erlebt einerseits den Untergang der alten Welt, in der die Kunst Zentrum des Lebens war, andererseits den Aufgang jener neuen Industriegesellschaft, in deren Mittelpunkt die Allianz von „big science and big business" steht. Inzwischen ist auch dieses Stadium der Humangeschichte durch die Krise der Hightech-Gesellschaft überholt, doch ohne dass deutlich wäre, wie ihr Untergang zu verhindern wäre. Eines ist allerdings klar: Die Wirkung der Kunst ist produktiv, die Macht der Technik destruktiv. Kunst gehört nicht zum Bereich des Komforts, sie stellt ein Lebensmittel, ein Mittel zum Überleben dar und ist daher geschichtliche Notwendigkeit.

Wenn wir vor diesem Hintergrund Schumanns Musik hören, dann vernehmen wir, was sie uns sagen will. „Du hast wohl daran getan", schreibt Robert an Clara am 17.3.1838, „meine Sinfonischen Etüden nicht zu spielen. Das passt nicht fürs Publikum." Auch am heutigen Abend nicht? Das ist die Frage, hier und jetzt. Die Antwort bedeutet zugleich die Antwort auf jene Frage, mit der ich begonnen habe: Warum eigentlich ein Schumann-Abend? Weil wir sonst vergessen würden, dass „Welt" nicht mit jenem Ausschnitt identisch ist, von dem wir etwas wissen und den die Industriegesellschaft „Um-Welt" nennt, im Gegenteil. Welt ist weder Objekt noch Begriff, sie ist ein Wort, ein Zeichen, das auf den Horizont alles dessen verweist, was „ist" und in unserer Welt erscheinen kann. Jenseits dieses Horizonts ist nicht Sein, sondern Nichts – das Denken gerät hier mit sich selbst in Widerspruch.

Anders die Kunst, die nicht logisch ist und keinen „Satz vom Widerspruch" kennt. Was der Logos Transzendenz nennt, heißt bei ihr Transparenz. Die Welt ist weder ein Trugschluss noch „Problem", auch kein aufzulösender „Fall", sie ist ein Rätsel, das ihre Geschichte samt Wissenschaft und Technik einschließt. Die Kunst stellt mithin dar, was sonst nicht wahrnehmbar wäre, sie macht durchsichtig, nicht nur die Dinge, sondern uns selbst. Wir erfahren, was Leben in Wirklichkeit ist: eine Übung, eine Etüde der Unsterblichkeit.

GESANG DER FRÜHE

Musik als „Philosophie des Gemüthes"

„Im Jahre 1827 ist der junge Schumann erst siebzehn Jahre alt, aber beinahe ängstigt er sich schon vor sich selbst." So beginnt der Essay des Publizisten Hanns-Josef Ortheil, der sich am Schluss der Neuausgabe von Robert und Clara Schumanns Briefen befindet. Doch wie soll sich jemand vor sich selber ängstigen, wenn er nicht weiß, wer er ist? Wissen wir, wer Schumann war? Wissen wir von uns selber, wer wir sind? Ich stelle eine merkwürdige These auf: Wenn wir Heutigen wissen wollen, wer wir sind, müssen wir in Erfahrung bringen, wer Robert Schumann war. Denn die Nachlebenden leben denen, die im Tod vorausgegangen sind, stets hinterher. Die Toten sind den Lebenden – unendlich weit voraus.

Diese unendliche Ferne verweist uns in jene Dimension, die die Philosophie die Transparenz der Zeit nennt. Trotzdem können uns die Toten näher sein als die Lebenden. Das „Geheimnis der Zeit", von dem Akio Mayeda in einem Vortrag über „Schumanns Gegenwart" gesprochen hat, zeigt das Vergangene nicht nur in seiner Gegenwärtigkeit, sondern auch in der Zukünftigkeit. Die Toten sind nicht einfach die Gewesenen, sie sind ebenso die Kommenden, die den Lebenden mitunter zeigen, dass sie von gestern sind. Das, was wir Wirklichkeit nennen, wird im Horizont der Zeit zu einer einzigen Fragwürdigkeit. Es gibt nicht eine, es gibt viele Wirklichkeiten – die Welt wird zu einem Labyrinth, nicht nur die Außen-, auch die Innenwelt. Die Frage, wer wir sind, kehrt im Echo der Zeit gebrochen zu uns zurück.

Wenn wir solche Erfahrungen machen, wird die unendliche Ferne Schumanns zur eigenen Nähe. Wir beginnen, die Wirklichkeit des Siebzehnjährigen zu ahnen, der im Tagebuch vermerkt: „Wenn ich mein ganzes Leben durchgehe, so bleibe ich fast immer bei der Frage stehen: Bist du's oder bist du es nicht?" Das ist keine rhetorische Frage, denn bei Novalis hatte Schumann den Satz lesen können: „Niemand kennt sich, insofern er nur er selbst und nicht auch zugleich ein anderer ist." Aber wer? „Mir ist's manchmal", heißt es 1831, „als wolle sich mein objektiver Mensch vom subjektiven ganz trennen oder als ständ' ich zwischen meiner Erscheinung und meinem Sein." Dem Schulfreund Emil Flechsig schreibt er nach dem Abitur: „Nun muss der innere, der wahre Mensch hervortreten und zeigen, wer er ist: hinausgeworfen in das Dasein, geschleudert in die Nacht der Welt, ohne Führer, Lehrer und Vater – so steh ich nun da."

Das Motto des Tagebuchs von 1828 lautet: „Der Mensch sei kein Gedankenstrich im Buche der Natur (wie Jean Paul behauptet), sondern ein Fragezeichen, das er sich beantworten muss". Kann er dies aber? Wenige Seiten später notiert Schumann, ein solches Fragezeichen gleiche denen „in den Lessingschen Trauerspielen

– es folgt – das Ende". Das bedeutet: Das eigentliche Fragezeichen des Lebens ist der Tod.

Oft enden die Tagebuchpassagen mit dem beschwörenden Ausruf: „Natur, mein Gott, mein Genius, verlasst mich nicht!" Natur, Gott und Mensch sind nach der Überlieferung des metaphysischen Zeitalters, dessen Zusammenbruch Schumann erlebt, alles, woran überhaupt gezweifelt werden kann. Die Überzeugung, dass sich Gott in der Natur offenbare, teilt er mit den anderen musischen Menschen seiner Zeit. Goethe hat in seinem autobiografischen Werk „Dichtung und Wahrheit", das Schumann mehrfach gelesen hat, darauf hingewiesen, dass seine gesamte Generation an den „Spinozismus" geglaubt habe. Damit ist der berühmte Satz Spinozas gemeint: „Deus sive natura" – Gott oder die Natur, das heißt: Gott = Natur. Was aber bedeutet „Genius"? Goethe bezeichnet damit jene dämonische Macht, durch die der Mensch Anteil am Göttlichen hat. Doch der dämonische Genius beglückt nicht nur, er vermag auch zu zerstören. Darüber gibt „Dichtung und Wahrheit" ebenfalls Auskunft. Noch im hohen Alter spricht Goethe von der unheimlichen Macht des Dämonischen, so im Gespräch mit Eckermann am 8. März 1831, zu jener Zeit also, da auch der junge Schumann sie in seinen Notizen beschwört. Sie herrsche, so Goethe, nicht nur in der Dichtkunst, sondern vor allem in der Musik, die dadurch in jüngster Zeit zur Kunst aller Künste geworden sei. Die Musik steht so hoch, heißt es, „dass kein Verstand ihr beikommen kann, und es geht von ihr eine Wirkung aus, die alles beherrscht und von der niemand imstande ist, sich

Rechenschaft zu geben."

Warum nicht? Weil von Platon bis zu Goethe Kunst die Darstellung des Göttlichen ist. Als die göttlichste aller Künste galt über 2000 Jahre die bildende Kunst. Nun aber ist die Musik zur höchsten Kunst geworden, in ihr stellt sich seit der Romantik das eigentlich Göttliche dar – ein unheimlicher Vorgang, von dem sich nicht nur Goethe, sondern auch wir Heutigen uns noch immer keine Rechenschaft zu geben wissen. Denn in der zeitlosen Form der bildenden Kunst konnte auch das Göttliche nur in zeitloser Gestalt erscheinen. Die Musik dagegen ist ihrem Wesen nach die flüchtigste, die vergänglichste aller Künste. Was sie als Form darstellt, lässt sich in den überlieferten Kategorien nicht mehr sagen. Sie ist weder Gestalt noch Gedanke, weder Bild noch Begriff – „ist" sie überhaupt etwas und nicht vielmehr Nichts? Wenn sie erklingt, wenn sie vernommen wird, ist sie schon vergangen. Wird sie wiederholt, ist sie nicht mehr dieselbe, auch wenn sie technisch perfekt reproduziert wird. Denn der Hörer ist im Fluss der vergehenden Augenblicke nicht mehr der, der er eben noch war; zeitlose Identität ist reine Fiktion.

Akio Mayeda hat deutlich gemacht, wie sensibel Schumanns Zeitgefühl war. Zeitgefühl ist Lebensgefühl, Wahrnehmung der eigenen Existenz. Wie Bild und Raum, so gehören Musik und Zeit zusammen. Musik ist reine Bewegung, sie zieht den Hörer in die eigene Bewegung hinein. Was uns dabei bewegt, ist das Vergehen, ist unser eigenes Kommen und Gehen. Denn die Zeit vergeht nicht nur, sie kommt auch. Sie kommt aus der Zukunft auf uns zu. Musik ist, sagt der Heidelberger Philosoph Georg Picht, Darstellung der Zeit, Darstellung der Wahrheit der Zeit.

Wir Heutigen sprechen nicht mehr vom Göttlichen und von der Wahrheit, wenn wir unser Selbstverständnis formulieren, sondern von der Gesellschaft, der globalen Zivilisation: Wir definieren uns durch uns selbst. Deshalb können wir die Epoche Goethes, deren Welthorizont Spinozas Einheit von Gott und Natur war, nicht mehr verstehen. Unsere Lebenswirklichkeit ist die der technisch-wissenschaftlichen Welt, die nach der Gleichung „Wissen = Macht" funktioniert. Diese Formel stammt von dem Engländer Francis Bacon, der damit zu Beginn des 17. Jahrhunderts das Grunddogma der Neuzeit formulierte. Schumann erlebt, wie das große Zeitalter der Metaphysik von dem der Technik abgelöst wird. Für die Kunst war die Natur göttliche Materie, für die Technik ist sie humanes Material. Goethe ist nicht der einzige, der diesem ungeheuren Bruch in der Geschichte der Menschheit mit dem Verstande nicht mehr beizukommen wusste. Andere verloren darüber den Verstand – so Hölderlin, der denkende Dichter und Nietzsche, der dichtende Denker, so aber auch – zwischen diesen beiden – der denkende und dichtende Musiker, der Komponist Robert Schumann.

Sie sehen an dieser kurzen Einleitung, dass ich kein Festredner bin. Auch spreche ich nicht als Musikwissenschaftler, der Ihnen neue Details der Forschung mitteilt. Ich bin kein Fachmann, kein Schumann-Spezialist, sondern ein Liebhaber seiner Musik. In ihr erklingt das, was Dietrich Fischer-Dieskau Schumanns „Lebenswahrheit" genannt hat. Den Liebhaber der Wahrheit nannten die Griechen „philosophos", ich spreche also als Philosoph. Was aber ist Philosophie? Platon sagt: Philosophie ist höchste Musik. Die Wahrheit der Philosophie stand ihm höher als die Wahrheit der Kunst.

Inwiefern stellt Schumanns Musik nicht nur die eigene Wahrheit, sondern die Wahrheit der Zeit als solche dar? Fischer-Dieskau hat gesagt, Schumanns Lebenswahrheit habe sich am Ende aufgelöst. Wodurch? Durch die Musik selbst, durch die Frage, was die Musik am Beginn der technisch-wissenschaftlichen Weltzivilisation ihrem Wesen nach sei. In seinem Buch über Schumanns Vokalwerke schreibt Fischer-Dieskau: „Im Versuch, die Situation der Musik zu bestimmen, verbirgt sich die Zentralfrage der Neuzeit nach dem Sinn der Kunst überhaupt." An ihr sei Schumann gescheitert.

Damit ist in der Tat die geschichtliche Dimension angedeutet, in die man vordringen muss, soll Schumann nicht bloß kommentiert, sondern interpretiert werden. Könnte es aber nicht sein, dass sich gerade im Scheitern jene Existenzform bewährt, die sich selber als einziges Fragezeichen erfährt? Ihre Wahrheit läge dann darin, sich der Zentralfrage der Neuzeit in so unbedingter Weise gestellt zu haben, dass sie darüber in unheilbare Krankheit verfiel. Sollte es sich wirklich so verhalten, müssten wir die Beziehungen zwischen Wahrheit und Wahnsinn neu überdenken. Auch muss berücksichtigt werden, dass Schumann der Zentralfrage der Neuzeit auch hätte ausweichen und sich im Namen des Erfolgs mit den restaurativen Zeittendenzen hätte arrangieren können. Seine Lebenswahrheit wäre dann zur Unwahrheit geworden.

Das ist der Vorwurf Nietzsches an Richard Wagner gewesen. Eine genaue Interpretation des Verhältnisses Nietzsche – Wagner würde erkennen lassen, dass der zeitgenössische Gegensatz zwischen Wagner und Brahms sekundär ist. Der eigentliche Bruch des 19. Jahrhunderts, der bis zu uns nachwirkt, ereignet sich zwischen den beiden Altersgenossen Schumann und Wagner. In ihm verbirgt sich der Gegensatz Goethe – Schopenhauer, hinter dem sich wiederum die Kluft zwischen Weltbejahung und Weltverneinung auftut.

Ich kann das aus Zeitgründen nur andeuten. Auf Schumann fiele ein anderes Licht, wenn sein Leben und Werk in den Zusammenhang von Lebensbejahung und Lebensverneinung gestellt würde. Das ließe sich anhand von Goethes „Faust" und Wagners „Parsifal" demonstrieren. Für Goethe ist, wie es am Schluss von „Faust II" heißt, alles Vergängliche ein Gleichnis des Unvergänglichen. Für Wagner ist alles Vergängliche ein Ausdruck des Nichtigen. Goethe hat den zweiten Teil des „Faust" nicht für die Bühne geschrieben, weil das moderne Theater kein sakraler Raum mehr ist. Wagner hingegen hat das Heilige auf die Bühne gebracht. Darin sah Nietzsche ein Sakrileg, denn nun ist die Bühne das Heiligtum.

Bei Schumann findet sich keine Spur von Weltverneinung, im Gegenteil: „Es affiziert mich alles, was in der Welt vorgeht, Politik, Literatur, Menschen", heißt es in dem großen Briefopus an Clara, das Schumann am Karfreitag, den 13. April 1838, beginnt, täglich fortsetzt und am Osterdienstag, den 17. April, beendet. Dieser Brief, der in die Entstehungszeit der „Kreisleriana" fällt, ist nicht nur der vielleicht wichtigste Brief Schumanns, sondern gehört zu den schönsten Zeugnissen der Literatur überhaupt. „Über alles denke ich nach meiner Weise nach, was sich dann durch die Musik Luft machen, einen Ausweg suchen will", heißt es weiter. „Deshalb sind auch viele meiner Kompositionen so schwer zu verstehen, weil sie an entfernte Interessen anknüpfen, oft auch bedeutend, weil mich alles Merkwürdige der Zeit ergreift und ich es dann musikalisch wieder aussprechen muss."

Ich müsste weiterzitieren, um Ihnen zu zeigen, mit welcher Helligkeit des Bewusstseins Schumann über sich selbst reflektiert hat. Doch auch diese wenigen Sätze zeigen schon, dass es abwegig ist, seine Musik als Ausdruck einer ominösen Innerlichkeit zu interpretieren. Der Gegensatz von Innen und Außen, von Subjektivität und Objektivität, der das *wissenschaftliche* Weltbild konstituiert, ist für den romantischen Künstler ein alter Zopf. Nicht anders steht es mit dem Gerede vom unpolitischen Künstler. Komponierte Schumann nicht, so hört man fragen, in aller Gemütsruhe seine „Waldszenen", während in Dresden 1848 die Revolution tobte und Richard Wagner einige Straßen weiter auf die Barrikaden ging? Gewiss, Schumann und Wagner standen zeitlebens auf verschiedenen Seiten der Barrikaden: Wagner verwandelte die Musik in Politik, Schumann die Politik in Musik.

„Die politische Freiheit ist vielleicht die eigentliche Amme der Poesie", schreibt Schumann zwanzig Jahre vor der Revolution ins Tagebuch: „Sie ist zur Entfaltung der dichterischen Blüthen am meisten notwendig: in einem Lande, wo Leibeigenschaft, Knechtschaft etc. ist, kann die eigentliche Poesie nie gedeihen: ich meine die Poesie, die in das öffentliche Leben entflammend und begeisternd tritt." Und der Absatz zuvor lautet: „Die eigentlichen Zeiten der Poesie sind die, wo Dichter und Volk zur Einheit, zum Ganzen sich gestalten, wo das Interesse des einen mit dem anderen so eng verbunden ist, dass man aus dem Dichter auf den Charakter des Volkes und umgekehrt aus dem Charakter der Nation auf die Werke des Dichters schließen kann. Der Beispiele giebt es unzählige, und unser voriges Jahrhundert war kein poetisches; die Deutschen möchten überhaupt schwerlich eines gehabt haben."

Dieser Schlussfolgerung kann man kaum widersprechen, heute weniger denn je. Denn für uns haben Kunst und Politik nichts mehr miteinander zu tun. Weder ist Kunst zur Politik noch Politik zur Kunst geworden. Sie ist zur Technik deformiert wie nahezu alles in unserer Welt. Wir verstehen aber auch nicht mehr, dass von Beethoven bis Schumann, von Hölderlin bis Stifter, von Schelling bis zu Nietzsche die Frage nach der Kunst eine derart zentrale Stellung einnehmen konnte wie für uns die Frage, was denn Frieden ist. Wenn Schumann in der Mitte der dreißiger Jahre außerhalb Leipzigs seine Wanderungen unternahm, musste er feststellen, dass sich die Umgebung in ein einziges Industrierevier verwandelte. Schornsteine wuchsen empor, Fabrikhallen entstanden, der Eisenbahnbau verwandelte das Land; die Schicht der Industriearbeiter entstand. Was hatte diese neue

87

Welt der Ökonomie, der Technik und Wissenschaft mit seiner Musik, mit den „Papillons", den „Blumenstücken", den „Nachtgedanken" zu tun?

In einer Notiz vom Oktober 1831 meditiert Schumann darüber, in welcher Weise sich der göttliche Genius in der neuen Musik eigentlich ausdrücke. Bei Bach, schreibt er, erscheine er in der „Schwere", bei Mozart in der „Leichtigkeit", bei Beethoven in der „Wärme", bei Schubert in der „Dunkelheit", wobei ihm alle diese Charakterisierungen unzureichend erscheinen. Und bei ihm? In Nichts? „Halt!", so Schumann, „da hab ich Etwas, das Nichts, das unendliche Nichts." Und weiter: „Ist denn das Nichts nicht viel unendlicher als Alles in Allem zusammengenommen? Himmel! Was ist eine Idee für ein erbärmliches Ding ohne Bild, ohne massives Objekt. Ideen oder Gefühle, das ist etwas anderes."

Das Nichts bedeutet also nicht die Nichtigkeit der Welt, sondern umgekehrt jene Dimension der Wahrheit, die Transzendenz heißt und die „Welt" überhaupt erst zur Welt macht. Die Unendlichkeit ist aber weder als Bild fassbar noch als Begriff. Auch Hegels Philosophie des absoluten, des endgültigen Begriffs ist für die Romantiker unwahr. Für sie ist nicht die Kunst am Ende, wie Hegel verkündete, sondern die Philosophie. Denn die Wahrheit ist höchste Musik. Die viel zitierte „unendliche Melodie" der Romantik hat nichts mit verschwommenem Irrationalismus zu tun, sondern besitzt einen präzisen sachlichen Sinn: Die Transzendenz des Seins, die Ewigkeit, hat sich umgekehrt in die Transparenz der Zeit, in die Unendlichkeit. Wie ungeheuerlich diese geschichtliche Erfahrung ist, in deren Schatten auch wir noch stehen, zeigt sich darin, dass die Philosophie den langen Weg von Schelling über Nietzsche zu Heidegger und Georg Picht brauchte, um zu begreifen, was sich da ereignet hat.

Schumann teilt das unendliche Zeit- und Lebensgefühl mit Jean Paul, Caroline von Günderrode, mit Kleist, Novalis und Hölderlin, mit Schubert, Runge, Caspar David Friedrich, mit Heine, Stifter und Lenau: Himmelhoch jauchzend, zu Tode betrübt, höchstes Glück und tiefstes, unergründbares Leid, früher Tod, Wahnsinn und Suizid – das ist das Schicksal dieser von der Unendlichkeit umgetriebenen Generation. Wer die Gründe allein in der Privatsphäre sucht, findet weder den Schlüssel noch das Schloss; der Zugang zur Wahrheit bleibt ihm versperrt. Nicht nur Klassik und Romantik, nicht bloß Feudalismus und kapitalistischer Industrialismus, nicht allein Revolution und Restauration oder Neuzeit und Moderne prallen in jener Zeit aufeinander, sondern zu Ende geht die gewaltige, über 2000 Jahre währende Epoche der abendländischen Metaphysik. Das Neue, das nun beginnt, ist das Zeitalter der Physik. Dabei steht der Titel „Physik" für die Wissenschaft schlechthin, so wie die Musik für die Kunst der Künste steht. Zugleich bezeichnet er die Struktur der Wissenschaft, die nicht durch das Wissen selbst, sondern durch dessen Anwendung gekennzeichnet ist. Wissen, das identisch ist mit Macht, ist Technik, also die Lehre von der Macht der Machbarkeit: Technologie.

Nur wenn wir diesen tiefen Bruch innerhalb der abendländischen Kultur vor Augen haben, wenn wir überdies die immensen Probleme bedenken, die damit global verbunden sind und uns Heutigen erst allmählich zum Bewusstsein kommen, dann können wir die elementare Gewalt jener Kräfte ahnen, die auf Schumanns Generation eingewirkt und das Leben zum Martyrium gemacht haben. Der Künstler ist der Seismograph der Gesellschaft, wird er krank, ist die Gesellschaft nicht gesund.

Wenige Jahre nach Schumanns Tod erschien das bis heute einflussreiche Buch des Turiner Arztes Cesare Lombroso: „Genie und Irrsinn". An ihm wird deutlich, dass sich Dichter und Volk, wie Schumann sagte, nicht nur nicht mehr zu durchdringen vermochten, sondern einander Feind geworden waren. Lombroso ist der Überzeugung, die Gesellschaft müsse sich vor dem Wahnsinn der Künstler schützen, indessen die Künstler an dem Wahnsinn der Industriegesellschaft zugrunde gehen. Woran genau? Daran, dass ihr wahrer Charakter der Warencharakter geworden ist. Es wird nicht mehr philosophisch über die Kunst, sondern ökonomisch mit der Kunst spekuliert. Der Proletarier wird von der bürgerlichen Gesellschaft physisch, der Künstler überdies noch metaphysisch ausgebeutet. Schumanns jüngerer Zeitgenosse Baudelaire antwortet daher auf die Frage, was Kunst in dieser Zeit sei, mit einem einzigen Wort: „Prostitution".

Schumann hat seine Antwort auf die Frage, was Kunst sei, aus der Kunst selbst gewonnen, durch seine Beschäftigung mit den Werken Bachs und Beethovens, Schuberts, Goethes und Jean Pauls. In dessen erstem Roman „Die unsichtbare Loge" von 1792 las er in der Form des dichterischen Gleichnisses, dass die Kunst einem Spiegel ähnele: „Es hängt zwischen Himmel und Erde ein großer Spiegel von Krystall, in welchen eine verborgene neue Welt ihre großen Bilder wirft." Spiegelt die Kunst das Göttliche oder das Menschliche wieder?

Von Platon bis zu Goethe ist die Sonne das Bild Gottes. Der Maler Gustav, Jean Pauls Held in der „unsichtbaren Loge", der viele Monate lang durch Schumanns Tagebuch geistert, erfährt aber den Untergang der göttlichen Sonne: „Die Sonne glühte noch halb über dem Erdball, der sie zerschnitt, aber ich sah sie durch mein zerrinnendes Auge nicht mehr, verhangen, verhüllt, versunken im treibenden, flammenden, reißenden, uferlosen Meer um mich ..." Das ist nicht nur ein neuer literarischer Ton, das ist eine vollkommen neue Welterfahrung.

Fünf Jahre später, in Jean Pauls zweitem Roman „Siebenkäs", ist die Sonne Gottes völlig versunken. „Siebenkäs ist fürchterlich", heißt es am 29. Mai 1828 in Schumanns Tagebuch. Warum? Weil da jene fürchterliche „Rede des toten Christus vom Weltgebäude herab, dass kein Gott sei", zu finden ist, die heute als die erste Fassung der modernen Gott-ist-tot-Erfahrung gilt. Wer zu lesen versteht, spürt das Beben, das sie verursacht, auch in Hölderlins „Hyperion", in Kleists Briefen aus dem Frühjahr 1801 oder denen der Günderrode wenige Jahre später. Caspar David Friedrich gestaltet sie in seinem Bild „Mönch am Meer", das bei seiner Ausstellung 1810 in Berlin einen Skandal hervorrief. Warum? Weil hier jedermann mit eigenen Augen sah, was er bisher nur geahnt hatte: Gott ist tot. Nietzsche gab ihr siebzig Jahre später in der ebenso populären wie selten verstandenen Geschichte vom „tollen Menschen" die endgültige sprachliche Form.

In der Schumann-Literatur ist von Jean Paul viel die Rede, doch von der Gott-ist-tot-Erfahrung hören wir nichts. Dabei ist Schumanns Tagebuch voll davon, diese ungeheuerliche Erfahrung zu verarbeiten. Auch tauchen hier die oft zitierten Stellen auf, wonach der 18-jährige glaubte, „wahnsinnig" zu werden. Aber diese Äußerungen werden zumeist als pubertäre Übertreibung eines überhitzten romantischen Gemüts abgetan oder als frühes Indiz für die spätere Krankheit gewertet. Warum? Weil für uns Heutige die Frage, ob Gott tot oder lebendig ist, keine Bedeutung mehr hat. Gehören wir nicht selber schon zu den Toten? Wie ist es möglich, dass wir den Zusammenhang zwischen dem Tod Gottes und dem Sterben der Natur, deren Teil wir sind, noch immer verdrängen? Warum haben wir nicht mehr die geringste Ahnung davon, was die Gleichung „Gott = Natur" bedeutet? Wo liegt der Grund dafür, dass wir bis heute nicht die Frage nach der Wahrheit der modernen Kunst beantworten können, die ohne die Gott-ist-tot-Erfahrung unverständlich bleibt? Offenbar sind wir nicht einmal in der Lage, zu sagen, warum nach zweieinhalbtausend Jahren die Musik zur Kunst der Künste werden musste. Vor Goethe hatte schon E.T.A. Hoffmann in seiner Rezension von Beethovens 5. Sinfonie 1810 öffentlich ausgesprochen, was jedem aufgeschlossenen Zeitgenossen damals deutlich war: Die neue Kunst ist ihrem Wesen nach Musik, auch die Dichtung, auch die bildende Kunst. Kleists Sprache ist rhapsodisch, die von Novalis hymnisch und Hölderlins

Dichtung ein einziger Gesang.

„Wenn ich Beethovensche Musik höre", schreibt Schumann im Sommer 1828, „so ist's, als läse mir jemand Jean Paul vor; Schubert gleicht mehr Novalis." Warum? Weil in der neuen musikalischen Form des Liedes Sprache und Musik zu einer Einheit finden, die bis zu Schubert unbekannt war. Und bei Novalis entdeckte Schumann jenes Zauberwort der Epoche, das Dichtung und Musik verbindet: die Poesie. Allerdings verstand er das Wort nicht in dem bürgerlich-sentimentalen Sinn, den wir heute damit verbinden. Wie für Novalis drückte sich auch für ihn in der Poesie diejenige universale Kraft aus, die nicht Wissenschaft und Technik, sondern die Kunst in die Lage versetzen sollte, die moderne Welt zu gestalten.

Wir wissen, dass diese Hoffnung getrogen hat. Nicht die Kunst hat die Wissenschaft integriert, sondern die technisch-wissenschaftliche Gesellschaft ist dabei, die Kunst zu liquidieren – nicht als Betrieb, als Reproduktion, wohl aber als Schöpfung, als Produktion. „Philosophie ist Musik des Geistes", schreibt Schumann, Musik ist „Philosophie des Gemüthes; die Philosophie bereitet uns auf ein höheres Leben vor, die Musik bringt es uns."

Ist aber der moderne Mensch nicht von Gott und allen Göttern verlassen? Schumanns Antwort ist: Nein. Zwar ist der Himmel leer und die Welt nach dem Untergang der Sonne Gottes dunkel, doch leuchtet die Wahrheit noch im Gemüt des genialen Künstlers auf.

Im schöpferischen Akt, dessen Zeitstruktur Akio Mayeda die „erfüllte Mitte der Zeit" genannt hat, ist Gott
Wirklichkeit.

Schumann gelingt es, sagt Mayeda, dieses „Geheimnis der Zeit" in der Musik einzufangen. Im erfüllten
Augenblick, in dem Vergangenheit und Zukunft, Erinnerung und Hoffnung zusammenklingen, wird die
Wahrheit Ereignis, Ereignis der Kunst. Überhaupt ist
im Zeitalter der Wissenschaft das Kunstwerk der einzig
noch mögliche Ort, wo die Wahrheit erscheinen kann.
Der Künstler gibt durch sein Werk das Licht, das er
empfangen hat, an die künftigen Generationen weiter.
Schumann hat daher auf die Zentralfrage der Neuzeit
nach dem Sinn der Kunst geantwortet: „Licht senden
in die Tiefe des menschlichen Herzens – des Künstlers
Beruf."

Was Schumann Gemüt nennt, heißt bei Platon
die Seele. Beide haben mit der Psyche der Psychologie
nichts zu tun, sondern sind ein Phänomen der Natur,
das als Weltseele auch das geistig-seelische Vermögen
des Menschen umfasst. Ich müsste jetzt, wenn die Zeit
vorhanden wäre, zeigen, dass sich in der Fähigkeit des
Erinnerns und des Hoffens jene beiden Grundkräfte der
Seele manifestieren, die Nietzsche das Apollinische und
das Dionysische genannt hat. Damit ist nicht nur der
Ursprung der Musik gekennzeichnet, sondern ihre gesamte spannungsgeladene Struktur. Denn hinter diesen
Götternamen verbergen sich jene elementaren Kräfte,
die wir in unserer abstrakten Begrifflichkeit „Form"
und „Inhalt" nennen. Nietzsche hat die Götternamen
bei Platon gefunden, der in mythischer Sprache die

Entstehung der Musik auf die Vereinigung von Apollon und Dionysos zurückführt. Musik ist gleichsam das Echo der Weltseele, sie bringt die polare Spannung des Gemüts zum Klingen und besitzt deshalb die Fähigkeit, uns bis auf den Grund der Seele zu erschüttern. Schumann nennt diese Kräfte „Eusebius" und „Florestan". Die Namen bezeichnen also nicht die beiden Hälften einer schizophrenen romantischen Subjektivität, die Schumann bei Jean Paul entdeckt hat, sondern die elementaren Kräfte des eigenen Gemüts und damit die Grundkräfte der Musik überhaupt.

Schumann steht aber nicht nur in der Tradition der platonischen Metaphysik, sondern kehrt ihre Wahrheit lange vor Nietzsche um: Nicht die Philosophie ist höchste Musik, sondern, wie erwähnt, die Musik ist höchste Philosophie. Sie ist Darstellung des Kampfes und des Ausgleichs jener agonalen Kräfte der Seele, die uns die Fähigkeit des Erinnerns und des Hoffens schenken. Zugleich spiegeln sich in ihnen die Zeitformen Vergangenheit und Zukunft. Die Musik verbindet also die seit Descartes getrennten Welten von „Innen" und „Außen" und stellt so die Einheit des Gemüts mit der Struktur der realen Wirklichkeit wieder her. Deshalb ist sie die Darstellung der Zeit selbst.

Das klingt hoch abstrakt und hat doch äußerst konkrete Auswirkungen auf eine sachgemäße Interpretation von Schumanns Lebenswahrheit. Gilt in der Literatur nicht als ausgemacht, dass seine angeborene Gemütslage eine krankhafte Schwermut gewesen sei, die schließlich zum Wahnsinn geführt habe? Schumanns Arzt Richarz in Endenich hat die Frage differenzierter gesehen und im Rückblick davon gesprochen, die Schwermut habe Schumann bis zuletzt ein „höheres Bewusstsein seiner selbst" erhalten, ja, die „andauernde Melancholie" sei eben dieses höhere Bewusstsein gewesen. Bis auf die Biografie von Eugenie, der jüngsten Tochter Schumanns, habe ich keine Interpretation gefunden, die über die üblichen pathologischen Spekulationen hinaus diesem höheren Bewusstsein gegolten hätte. Allein in dem Buch „Dämonie und Transzendenz" des modernen Existenzphilosophen Arnold Metzger gibt es einen Hinweis, der Ihnen zeigen mag, dass meine Überlegungen keine privaten Erfindungen sind:

„Was mir gestern auffiel beim Anhören des Brahmsschen Sextetts und der Schumannschen Symphonie in Es-dur, also der ‚Rheinischen' Sinfonie, ist", schreibt Metzger, „was ich den Verfall der Subjektivität, der freien, vom Ewigen bewegten Subjektivität im Menschen, nenne ... Schumann ist noch ganz erfüllt von der Melancholie, der Schwermut, die ihm das Wissen von dieser zentralen inneren Bewegtheit der Menschen – man könnte sagen: das Wissen von der Getrenntheit des Endlichen und des Unendlichen – antut. Er ist leidend aufgezehrt von dieser transzendentalen Melancholie ... Ich will sagen: es bricht in dieser Entwicklung das auf, was ich in der weiteren Entwicklung – nicht nur in der Musik – das zunehmende Gleichgültigwerden der schaffenden, leidenden inneren Transzendenz des Menschen nenne."

Uns Gleichgültigen, denen jegliche Transzendenz abhanden gekommen ist, erscheint es unverständlich, dass es einst Menschen gab, die aus metaphysischen Gründen physisch krank wurden. Auch wir sind krank, doch wir leiden bloß an unserer Indifferenz. Deshalb kommt auch Schumanns Musik, so oft sie erklingen mag, nicht mehr wahrhaft zu Gehör; ihre Wahrheit bleibt im genauen Sinn des Wortes unerhört. Wo kommt das Unerhörte am deutlichsten zum Ausdruck? Im Schlusschor von „Faust II", in Schumanns Vertonung von Goethes berühmtem Chorus mysticus. Schumann hat den „Faust II" auf seiner Russlandreise 1844 gelesen und nach der Rückkehr als erstes den Schluss komponiert. Warum kommt hier das Unerhörte seiner Musik besonders deutlich zu Gehör? Weil schon in Goethes Dichtung jenes Leiden an der Getrenntheit des Endlichen vom Unendlichen (A. Metzger) zur Sprache kommt, das Schumanns Musik im ersten Teil des Chorus mysticus mit harten Reibungen und Dissonanzen aufs Äußerste verstärkt: „Alles Vergängliche / ist nur ein Gleichnis ..." Wofür? Goethes Antwort lautet: Für jene Liebe, die sich im Ewig-Weiblichen manifestiert. Sie ist es, die die Welt im Innersten zusammenhält. Während Goethes Sprache aber verhalten, also „mystisch" bleibt, bricht Schumanns Musik am Schluss in lauten Jubel aus. Es ist, als zeigte sich hier ein Bruch zwischen Dichtung und Musik, ein Bruch, der um so auffälliger ist, als kein anderer Komponist in gleich kongenialer Weise Sprache und Musik miteinander zu verschmelzen wusste wie Robert Schumann.

1829 notiert Schumann: „Um Göthe'n richtig fassen zu können, gehört fast ein ebenso großer Geist, wie Göthe selbst zu." In den „Musikalischen Haus- und Lebensregeln" zwei Jahrzehnte später ist diese frühe

Erkenntnis so verallgemeinert, dass sie als Erkenntnis schlechthin erscheint: „Vielleicht versteht nur der Genius den Genius ganz." Warum? Weil selbst bei höchster Annäherung die Lebenswahrheit des einen Genies mit der eines anderen nicht identisch sein kann.

Ich vermag nur in fragmentarischer Form anzudeuten, warum Schumanns Jubel im Schlussteil des Chorus mysticus angestrengt und fremd klingt und welche Notwendigkeit sich darin ausspricht, dass hier – von Goethe aus gesehen – der falsche Ton getroffen worden ist. Es geht nicht darum, an Schumann wie heute üblich herumzukritisieren, sondern anhand eines späteren Werkes, das seinen Ton am reinsten trifft, genauer darzulegen, warum die Wahrheit bei Schumann eine geschichtlich andere Gestalt hat als bei Goethe. Dabei halte ich mich an Schumanns eigene Maxime in den „Musikalischen Haus- und Lebensregeln": „Nur erst, wenn dir die Form ganz klar ist, wird dir der Geist klar werden." Schumann gibt damit auch für sich selber jene Dimension an, die der Interpret erkennen muss, will er etwas von Schumanns Lebenswahrheit erfahren und dadurch auch sich selber verstehen lernen.

Zur Form: Aus einem Brief vom Oktober 1844 geht hervor, dass Schumann der Überzeugung war, der „Faust" könne nicht als Oper, sondern nur als Oratorium dargestellt werden. Warum? Weil das Oratorium, wie das lateinische Wort sagt, ursprünglich ein Bethaus ist. Schumann hat also den sakralen Charakter von „Faust II" klar erkannt. Genau das war es, was die Zeitgenossen an Goethes Spätwerk irritierte – Schumann faszinierte es. Das Oratorium als musikalische Form gehört aber in den Barock, nicht in die Romantik, so wie die Form der Klassik die Sonate und nicht die Kantate ist. Die eigentliche Form der romantischen Musik ist aber weder das Oratorium noch die Sonate, sondern das Lied – das Lied mit und ohne Worte, das Lied als reine, „absolute" Form. Für Schumann ist absolute Musik nicht wie für Bach eine Kunst der Fuge, sie liegt auch nicht wie in Beethovens letzten Werken im reinen Instrumentalklang des Quartetts, sie manifestiert sich vielmehr in dem von jedem Text und seiner Bedeutung freien Lied, sie ist reiner Gesang.

Da unser Verständnis weit hinter Schumanns Lebenswahrheit zurückgeblieben ist, erscheint es kaum verwunderlich, dass jenes Werk, in welchem Schumanns musikalische Form besonders deutlich zum Ausdruck kommt, so gut wie unbekannt ist. Es ist sein letztes Werk. Mit ihm kehrt er sowohl zu seinem eigentlichen Instrument, dem Klavier, wie zu seiner eigentlichen Form, dem Lied, dem Gesang zurück. Die „Gesänge der Frühe" (op. 133) sind Schumanns absolute Musik, Musik als reine Form.

Was aber formt diese Musik? Welchen „Inhalt" hat sie, welchen „Geist"? Spricht aus ihr die Liebe zur Ewigkeit wie in Goethes „Faust"? Nein. Für Goethe ist alles Vergängliche ein Gleichnis des Unvergänglichen. Die Sonne Platons ist für ihn nicht, wie das letzte Gespräch mit Eckermann elf Tage vor Goethes Tod zeigt, untergegangen, sondern wie eh und je das verehrungs- und anbetungswürdige Bild Gottes. Anders bei Schumann, der mit Jean Paul den Untergang der Sonne, den Tod Gottes erfahren hat. Das Vergängliche ist nicht mehr

Gleichnis für eine Wahrheit, die jenseits der Zeit im Unvergänglichen liegt – das Vergängliche ist vielmehr selbst die Wahrheit. Es ist, als sollte der aufgesetzte Jubel im Chorus mysticus Schumanns Wissen darum übertönen, dass Goethes Wahrheit nicht mehr seine Wahrheit ist. Denn dieser laute Jubel gibt der Wahrheit die Form der Gewissheit, die Schumann von frühester Jugend an fremd ist. Das zeigen die Tagebücher, die deshalb für uns Nachlebende so wichtig sind.

In den fast ein Jahrzehnt später komponierten „Gesängen der Frühe" hat die Wahrheit dagegen die gleichsam verhangene Gestalt der Hoffnung. Verhangen deshalb, weil die „Gesänge" den Zweifel, ohne den jede Wahrheit zur Unwahrheit wird, nicht unterdrückt, sondern in sich aufgenommen haben. Die Hoffnung richtet sich auf das Zukünftige, auf das, was auf den Menschen jederzeit zukommt. Das Leben gleicht daher, so schon der Siebzehnjährige, einem Schleier, der uns vom Eintritt des Kommenden und seiner Erfüllung trennt: „Der Mensch wage es nicht", schreibt er, „den Schleier heben zu wollen, der ernst und stumm wie die Nacht über dem Kommenden ruht: nur in das Menschliche und das Endliche dringe der menschliche Geist: feierlich sinke dann der Schleier von selbst, der unser Leben verhüllt."

In den „Gesängen der Frühe" offenbart sich die Wahrheit mithin in ihrer endlichen Gestalt. Zugleich verschleiert, entzieht sie sich, indem sie sich weder dingfest machen noch auf einen Begriff bringen lässt. Doch in der Hoffnung – das ist das Unerhörte an dieser Musik – wird ihr Schleier, der Leben und Tod voneinander trennt, transparent. „Die Zukunft soll das höhere Echo der Vergangenheit sein" – das ist Schumanns eigene Formulierung jener Einheit der Zeit, die Vergangenheit und Zukunft, Erinnerung und Hoffnung umfasst. Und das Motto des Tagebuchs vom Herbst 1828 erläutert den Satz mit den Worten: „Thu an die Zukunft jede Frage, die dir die Vergangenheit schon beantwortet hat, noch einmal." Die „Gesänge der Frühe" stellen die Frage zum letzten Mal. Hier ist sie reine Musik geworden, ein Frage-Zeichen an die Zukunft, chiffrierte Zukunfts-Musik, klingende Eschatologie.

Am 27. Februar 1854 will Schumann in einem Anfall tiefster Verzweiflung selber den Schleier des Lebens zerreißen und stürzt sich in den Rhein. Er wird gerettet – ein Rosenmontag. Inmitten des Faschingszuges, der Larven und Lemuren, der Masken und Verpuppungen, der Puppen, der Papillons wird er nach Hause zurückgebracht. Der „Carnaval" des Lebens ist noch nicht zu Ende – das Kommende will von selber kommen und nicht herbei gezwungen werden. Anders kann es nicht sein, was Schumann das Unendliche nennt, nämlich das, was alles Endliche transzendiert. Wir können ihm nur entgegenwarten, zumal Gegenwart nichts anderes ist, als die Begegnung der Zukunft mit der Vergangenheit, durch die die Einheit der Zeit geschieht.

Schumann tut dies in der Anstalt von Endenich. Er geht aus freien Stücken dorthin, mit Umsicht vollzieht er jeden einzelnen Schritt. Acht Monate später, im Oktober 1854, fragt er bei Clara an: „Könnte ich vielleicht durch deine Güte das Manuskript der ‚Gesänge der Frühe' noch einmal zur Ansicht bekommen?" Es ist das einzige der eigenen Werke, das er sich in die einbrechende Dämmerung von Endenich nachschicken lässt. Warum? Weil diese Dämmerung keine Abenddämmerung, sondern eine Morgendämmerung ist: Aurora, Gesänge in der Frühe der Zeit und in die Frühe der Zeit hinein. Kein Abgesang wie in den späten Klavierstücken op. 118 von Brahms, sondern ein Aufgesang aus einer Stimmung, einem Gestimmtsein „beim Herannahen und Wachsen des Morgens", wie Schumann am 24. Februar 1854 an den Verleger Arnold schreibt – „aber mehr als Gefühlsausdruck", so heißt es weiter, denn „als Malerei". Absolute Musik also, reiner Gesang der Seele als höchste „Philosophie des Gemüthes".

Schumann hat die „Gesänge" der „sehr hohen Dichterin" Bettina von Arnim gewidmet, die Ende Oktober 1853 mit ihrer Tochter zu Verwandten nach Bonn reiste und auf dem Weg dorthin am 28. Oktober die Schumanns besuchte. Das war ein spontaner Akt der Freigebigkeit, der bei Robert Schumann nicht selten ist. Die ursprüngliche Widmung aber lautet anders: „An Diotima". Der Name taucht unvermittelt am 15. Oktober im Haushaltsbuch auf, ebenfalls am darauf folgenden Tag; und dann am 18. Oktober inmitten anderer lakonischer Eintragungen die Bemerkung: „Die ‚Gesänge der Frühe' beendet." Schumann hat sie also in diesen Tagen, an denen er Laurens zum Zeichnen saß, komponiert. Sind es Gesänge an Diotima oder Gesänge der Diotima selbst? Wer ist Diotima?

Dietrich Fischer-Dieskau hat dieses letzte Werk Schumanns „Schwanengesang" genannt. Es sei ein Abschied, „eine gleichsam gesungene letzte Botschaft", denn der

Name Diotima verweise auf die „heimliche Geschwisterschaft zu Hölderlin". Was für eine Botschaft und an wen? An uns, die Nachlebenden vielleicht, damit wir erkennen, wer Schumann war, wer wir selber sind? Unter „Schwanengesang" verstehen wir entsprechend dem griechischen Mythos vom sterbenden Schwan eine Todesklage, einen Sterbegesang. Daher interpretiert Fischer-Dieskau die „Gesänge der Frühe" auch als Abgesang. „Schumanns Abschied von der Musik", sagt er, „gleicht einer Trennung von den Hoffnungen, die sein Leben begleitet haben."

Liest man aber den Artikel „Neue Bahnen", mit dem Schumann zur selben Zeit, in der die „Gesänge" entstanden, den jungen Brahms in der Musikwelt begrüßte, so findet sich hier so wenig eine Spur von Hoffnungslosigkeit, abschiedlicher Haltung oder Resignation wie in den „Gesängen" selbst. In jenen Wochen reifte bei Schumann überdies der Plan, von Düsseldorf fort zu gehen, nach Berlin oder Wien. Auch das sieht nicht nach Endstimmung aus, im Gegenteil. Gerade weil wir Nachlebenden den Ausgang von Schumanns Leben kennen, dürfen wir nicht den Fehler begehen, das, was wir wissen, in Schumann hineinzuprojizieren. Es ist eine merkwürdige Tatsache, dass der späte Schumann in der Literatur entweder gar nicht vorkommt oder unverstanden bleibt. Warum das so ist, ist aber eine Frage an uns, nicht an ihn. Wir müssen Auskunft darüber geben, warum uns Schumanns Lebenswahrheit so unverständlich ist, dass wir zu pathologischen Erklärungen unsere Zuflucht nehmen. Nietzsche hat aus Schumanns Musik das Pathos des „ewigen Jünglings" herausgehört. Die Bemerkung ist polemisch gemeint, doch trifft sie in der Sache genau. Nietzsche hat offenbar mehr gehört als wir.

Was ist wahr: Aufgesang oder Abgesang? Der junge Schumann hat selber vom „Schwanengesang" gesprochen. Am 6. August 1828 notiert er: „Der Mensch ist sein ewiger Schwanengesang." Diese Verallgemeinerung auf die menschliche Existenz schlechthin überrascht, zumal der Satz davor lautet: „Die Erde (ist) die Aurora des Jenseits." Nun ist die Überraschung noch größer, denn wir sind gewöhnt, den Gedanken umgekehrt zu denken, nämlich so, dass uns das Jenseits als die Aurora des Diesseits erscheint. Schumann aber sagt das Gegenteil: Die Erde, das Irdische im ganzen ist die Morgenröte des Jenseits. Wenn das wahr ist, dann ist in der Tat alles Vergängliche nicht ein Gleichnis des Unvergänglichen, sondern umgekehrt das Unvergängliche eine Chiffre des Vergänglichen. Das geht aus dem Anfang des Zitats hervor. Die ganze Stelle beginnt nämlich mit einer zeitlichen Aussage: „Der Frühling ist die Aurora des Jahres." Nicht also nur die erste Sinfonie ist eine „Frühlingssinfonie", vielmehr ist Schumanns Musik insgesamt bis hin zum letzten Werk eine einzige Frühlingsmusik – ein Gesang auf die Zukunft, die Frühe, auf den Frühling der Zeit.

Im Tagebuch von 1837, der Zeit der zeitweiligen Trennung von Clara, steht der Satz: „Bücher voll habe ich gedacht und gelitten, der eine Gedanke der Treue überwiegt alles." Die Treue ist die andere Seite der Liebe, sie ist nur demjenigen möglich, der sich selber gegenüber die Treue hält. Wer die Tagebücher und Briefe studiert, ist erstaunt, mit welcher Selbsttreue Schumann gelebt und durchlitten hat, was der Siebzehnjährige einst vorausgedacht hatte. Auch die Liebe zwischen Clara und Robert ist uns heute nur schwer verständlich. Von der bürgerlichen Idylle ist sie so weit entfernt wie von der modernen Partnerschaftsbeziehung, in der jeder nur den anderen sucht, um sich selber zu finden. Sie umfasst sogar den Gegner, ja mehr noch: „Ist einer mein Feind", sagt er, „so brauch ich aber deshalb nicht seiner zu sein." Härter als durch den jahrelangen Kampf mit Friedrich Wieck konnte eine solche Haltung nicht auf die Probe gestellt werden.

Alles dies chiffriert der Name Diotima. Er verweist nicht auf Hölderlin, sondern auf Platon zurück. In dem berühmten Dialog „Das Gastmahl" geht es um den Eros – ein langes Streitgespräch. Am Schluss lässt Platon seinen Lehrer Sokrates auftreten, weil er durch den Mund dieses großen Weisen das sagen will, was er selber für die Wahrheit hält. Ich erinnere damit nicht an ein Spezialthema der Altphilologen, sondern an das theologische Herzstück der gesamten abendländischen Kunst im Zeitalter der Metaphysik, nämlich an die Überzeugung, dass das Göttliche nur in der Gestalt der Schönheit erscheinen könne, oder anders gesagt: dass Wahrheit und Schönheit dasselbe seien. Aber Platon lässt auch Sokrates nicht direkt sprechen, sondern lediglich das berichten, was dieser aus dem Munde der „Mantineerin namens Diotima" erfahren hat: Der Eros ist ein Dämon, er verkehrt als „Angelos", als ein Bote zwischen Gott und den Menschen. Seine Botschaft ist die Liebe zum Guten – Platons eigentliche Gottesidee.

Lieben aber kann der Mensch das Gute nur, wenn es in der Gestalt der Schönheit erscheint. Doch diese Liebe bedeutet keinen Selbstzweck, sondern ist vielmehr „auf die Erzeugung und Geburt im Schönen" aus. Deshalb ist alles, was imstande ist, „aus dem Nichtsein in das Sein zu treten, insgesamt Dichtung", fährt Diotima fort. Auch bei Platon ist die Welt Schöpfung, doch keine Schöpfung aus dem Nichts, sondern ein sich selbst schaffendes Kunstwerk, das keinen Schöpfergott kennt. Sie ist Kosmos, ein schönes *Bild* Gottes oder, wie noch Goethe sagt, das Gleichnis des Göttlichen schlechthin.

Dieser Gott stirbt an der Schwelle zur Moderne. Warum? Diotima gibt selber den Grund an: „Gott verkehrt nicht mit den Menschen", sagt sie, „sondern aller Umgang und Gespräch mit ihnen geschieht durch das Dämonische, sowohl im Wachen wie im Schlaf." Der metaphysische Gott Platons verharrt also in unnahbarer Ferne zu allem Zeitlichen, der Gott des christlichen Glaubens ist dagegen in die Zeit eingegangen. Aus der Zukunft, aus der Frühe der Zeit, kommt er auf seine Schöpfung zu. Seine Wahrheit ist nicht die Schönheit, sondern die Liebe.

„Wäre da nicht die Liebe, Schumann hätte sich nie begriffen", heißt es am Schluss des eingangs zitierten Essays von Hanns-Josef Ortheil. Wie steht es mit uns? Haben wir uns begriffen? Ortheil meint die Liebe zu Clara, ohne die es Schumanns Musik in der Tat nicht gäbe. Aber er konstatiert sie nur, ohne sie auf den Eros hin transparent zu machen. So bleibt sie in ihrer Unbedingtheit ein Rätsel, zumal in einer Gesellschaft, die sich selber Bedingung ist.

Lassen Sie mich zusammenfassen: Für Goethe wie für Schumann ist die Liebe jene universale Kraft, die die Welt im Innersten zusammenhält. Doch sie erscheint im Prisma der Geschichte in unterschiedlicher Gestalt. Bei Goethe ist alles Vergängliche ein Gleichnis des Unvergänglichen; bei Schumann ist alles Endliche ein Gleiches mit dem Unendlichen. Die unvergängliche Liebe, die sich Goethe im Ewig-Weiblichen offenbart, „zieht uns hinan". Die unendliche Liebe, die Schumann in allem Endlichen widerfährt, zieht uns nach vorn: Das Ende der Dinge ist nicht ihre Vernichtung, sondern ihre Erfüllung. Beide Gestalten der Liebe, sowohl die zum Zeitlos-Ewigen wie die zum Unendlich-Endlichen, sind aus der wissenschaftlich-technischen Zivilisation verschwunden. Wäre es anders, sähe diese Welt anders aus. Wissen wäre dann nicht identisch mit Macht, sondern eine Kunst, die die Schöpfung nicht verenden, sondern sich vollenden lässt.

Doch Wissenschaft ist keine Kunst, heute weniger denn je. Wäre Novalis' universaler Entwurf einer „transzendentalen Poesie" bekannt, wüssten wir nicht nur, was das Wort Romantik bedeutet, sondern auch, warum sich zu Beginn der Moderne die Wahrheit der Zeit nicht in der Wissenschaft, sondern in der Kunst offenbart. Zugleich verstünden wir, warum bei Nietzsche, Heidegger und Picht im selben Maße, wie der Philosophie das Wesen der Kunst aufgeht, die Welt der Wissenschaft zu einer einzigen Fragwürdigkeit wird. Denn wahres Wissen ist nicht Technologie, also Wissenschaft von der Macht der Machbarkeit, sondern jene Kunst, die uns lehrt, nach der Wahrheit zu fragen, das heißt nach uns selbst. Daher ist nach Platon Philosophie die Kunst des Denkens – eine hohe, ja die höchste Kunst.

Dies alles gehört zu Schumanns Lebenswahrheit, zu ihrem geschichtlichen Hintergrund. Bleibt dieser im Dunkel, bleibt uns auch Schumann verschlossen. Uns entgeht, dass sein Leben und Werk ein einziger Aufbruch in die Moderne, in die Frühe unserer eigenen, uneingeholten Möglichkeiten ist. Seine Musik ist dann nichts anderes als ein historisches Zitat, das ästhetisch reproduziert und konsumiert wird. Nicht also um ein neues Schumann-Bild geht es – es gibt nur ein wahres oder ein unwahres Bild – sondern darum zu erkennen, dass die Frage nach Schumann die Frage nach uns selber einschließt. Aus diesem Grund stellte ich zu Beginn die These auf: Wenn wir Heutigen wissen wollen, wer wir eigentlich sind, müssen wir in Erfahrung bringen, wer Schumann war. Schumann selbst verstand sich als einziges Fragezeichen. Deshalb will auch ich mit einem solchen Zeichen schließen und die These umkehren, indem ich sie in Frage stelle: Wenn wir wissen wollen, wer Schumann war, müssen wir da nicht in Erfahrung bringen, wer wir selber sind?

Von Friedrich Kabermann
außerdem bei Books on Demand erschienen:

Lichte Schatten
Essays / 2014
ISBN 978 3 7386029755

Abend in Violett
Roman / 2015
ISBN 978 3 738647952

Engelsspur
Roman / 2021
ISBN 978 3 752686371

Im toten Winkel
Roman / 2021
ISBN 978 3 753403106